W0110547

POP

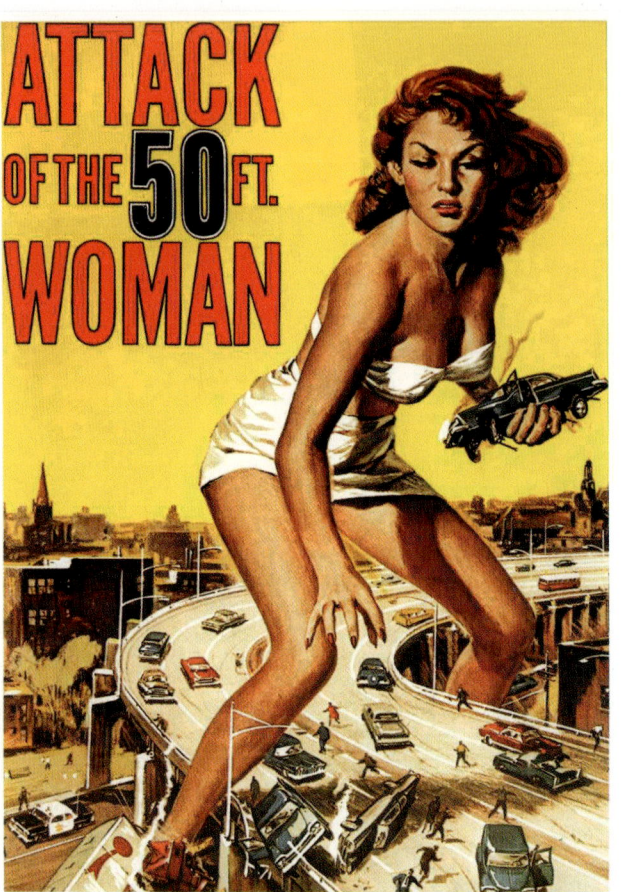

POP

Ein Schnellkurs

Markus Caspers
ist Professor für Gestaltung und Medien an der Hochschule Neu-Ulm.
Er hat zahlreiche Bücher zu den Themen Design, Popkultur und Medien
veröffentlicht.

Umschlagvorderseite:
Detail einer Bildfolge aus dem Comic „Pravda, La
Survireuse" (1968) von Guy Peellaert; © The Estate
of Guy Peellaert

Umschlagrückseite (von oben nach unten):
-Mel Ramos, »Batmobile«, 1962; © 2011 VG Bild-
Kunst, Bonn/Mel Ramos
-Elvis Presley während eines Konzerts ca. 1957;
picture alliance
-Françoise Hardy in einem Metalldress von Paco
Rabanne; Foto von Jean-Marie Périer

Frontispiz: Filmplakat zu dem Film „Attack of the 50
Foot Woman/Angriff der 20 Meter Frau" (1958);
© Allied Artists International, Inc.

Bibliographische Information
der Deutschen Bibliothek
Die Deutsche Nationalbibliothek verzeichnet diese
Publikation in der Deutschen Nationalbibliografie;
detaillierte bibliografische Daten sind im Internet über
http://dnb.d-nb.de abrufbar.

Originalausgabe
© 2011 DuMont Buchverlag, Köln
Alle Rechte vorbehalten
Druck: Rasch, Bramsche
Buchbinderische Verarbeitung: Bramscher
Buchbinder Betriebe
Redaktion und Lektorat: Anita Brockmann, Köln
Layout und Satz: Indianapolis Books, Köln

Printed in Germany
ISBN 978-3-8321-9320-1

www.dumont-buchverlag.de

Pop ist Haltung

Was ist »Pop«? Ist es die Musik? Sind es der Film, die Styles, die Mode? Ist Pop ein Lifestyle, eine Ideologie, eine Vermarktungsstrategie? Pop ist von allem etwas, von manchem manchmal mehr, manchmal weniger. Er bildet die Ästhetik des 20. Jahrhunderts, die Kultur der Spät- und Postmoderne.

Pop impliziert eine Theorie des Ästhetischen, die versucht, Ästhetik als Summe aller Hervorbringungen einer Kultur zu definieren: Die Einzelobjekte sollen nicht nach High und Low klassifiziert werden, nicht nach hoher, ernster Kunst einerseits und trivialen, minderwertigen Gegenständen andererseits. Um zu analysieren, zu rekonstruieren, ja um ästhetische Erfahrung zu machen, sind sie nämlich alle gleichermaßen geeignet: »Everything we think of is right«, formulierte der britische Künstler Richard Hamilton 1956.

Die Popmedien Film, Schallplatte, Fernsehen, Werbung und Comic kombinieren Bilder, Sprache, Musik und Bewegung zu einem neuen ekstatischen Amalgam, das sich der Kulturgeschichte respektlos bedient und die Formen der Warenwelt zu neuen Zeichenwelten rekombiniert.

Was Anfang der 1950er-Jahre mit Bebop, Cool Jazz und Rhythm and Blues bei (wenigen) Teenagern und Künstlern begonnen hatte, setzt sich mit Rock 'n' Roll, Beat, Soul, Rock, Punk, Hip-Hop als eine quasi-natürliche (Sub-)Kultur der Jugend fort bis zum heutigen Tag, auch wenn heute der Aspekt der Rebellion in einer Welt, deren Eltern seit zwei Generationen selber ehemalige Popkinder sind, obsolet zu werden scheint. Doch zwischen 1955 und 1965 entstand, zunächst fast unbemerkt, dann medial begleitet, ein in seiner Tragweite lange unterschätztes Lebensgefühl der westlichen Gesellschaften; es entstand eine neue Kultur, die High und Low vereinte, verwischte, nivellierte, demokratisierte, verwässerte, je nachdem, von welcher Seite aus man das Phänomen betrachtete. Pop entfesselte eine Kulturrevolution von unten, wie sie sich totalitäre Systeme in ihren schlimmsten Träumen nicht vorstellen

konnten. Die Suche nach dem Guten, Wahren, Schönen
war vorbei – zumindest war sie eine Weile lang ihres Nimbus entkleidet und der Lächerlichkeit preisgegeben. In einer Epoche der Prosperität und des scheinbar unendli-
chen Wachstums war die Technologie gegeben, aber die
Haltung zur neuen Zeit fehlte. Diese Haltung hieß Pop.

Der »Schnellkurs Pop« wird der Frage nachge-
hen, wie es seit den Fünfzigerjahren zu dieser
kulturellen Umwälzung kam, deren Ausdifferen-
zierungen noch heute den Alltag ökonomisch
und ästhetisch bestimmen. Pop hatte von Beginn an einen Totalitätsanspruch, wie er vorher
und seitdem nicht formuliert wurde. Er produzierte »Cross-overs«, die von den einen stür-
misch gefeiert, von den anderen als Kulturverfall
angeprangert wurden oder einfach nur Ratlosig-
keit hinterließen.

Bücher über Popmusik und über die Pop-Art
gibt es zuhauf. Dieser Schnellkurs ist weder eine
Kunstgeschichte noch eine Geschichte der populären Musik. Er will ein Panorama rekonstruieren, einen Blick auf eine Epoche. Dafür ist eine Werbean-
zeige genauso gut geeignet wie ein Kunstobjekt, ein
Konsumgegenstand, ein Refrain oder ein Kleidungsstück.
Da die Musik so etwas wie den Timecode des Pop bildet,
wird immer wieder auf sie Bezug genommen, aber viele
Details oder Namen wird man vermissen.

Die Verheißungen des
American Dream und die
ästhetisierte Form sei-
ner Verbreitung waren
eine wichtige Kraft für
die Entstehung der Pop-
kultur.

Die Anfänge

Der erste Teil des Buchs behandelt die Entstehungsge-
schichte des Pop aus den Anfängen des 20. Jahrhunderts
heraus. Welche gesellschaftlichen Entwicklungen mussten
gegeben sein, um Subkulturen hervorzubringen, deren Stilistik später von anderen übernommen werden sollte?
Welche technischen Entwicklungen waren notwendig, um
eine massenhafte Verbreitung von Print-, Audio- und Be-
wegtbildmedien zu ermöglichen? Welche ökonomischen
Bedingungen bildeten die Grundlage, um den Lebensab-

Kollektive, ekstatisie-
rende Rituale wie der
Tanz der Shaker gingen
in den Rock 'n' Roll ein:
Shake it, Baby shake it!

schnitt Jugend zu einem solch wichtigen Faktor in der Bio-
grafie von Menschen zu machen? Denn wenn es auch
richtig ist, dass der Rock 'n' Roll sein Publikum nicht suchen musste, sondern dass dieses bereits da war und ihn
sehnlichst erwartete, so ist auch richtig, dass es ohne die
Jahrzehnte währenden vorausgehenden Prozesse weder
das eine noch das andere gegeben hätte. Insofern beginnt
die Suche nach den Wurzeln des Pop um 1900; mit dem
Rock 'n' Roll ist Pop dann 1955 zu einem in sich geschlossenen System geworden.

Die große Zeit

Der zweite Teil beschäftigt sich mit der klassischen, heroischen Phase des Pop 1963 bis 1980: von der Entstehung
des Soul und der British Invasion über Warhols Factory hin
zum Swinging London und dem Paris der späten 1960er-
Jahre, vom Beginn der Discokultur bis zum Ende dieser
Epoche durch den Punk der 1970er-Jahre. In dieser zweiten Epoche ist bereits eine vollkommene Popwelt entstanden; Pop hat alle Lebensbereiche durchdrungen, er hat die
westlichen Gesellschaften weitgehend affiziert und ihre
Lebensgewohnheiten geändert. Mit dieser Popkultur der
1960er-Jahre ist vielerorts eine Utopie des jugendlichen
Aufbegehrens und der politischen Aktivierung verbunden,
die sich automatisch für »das Richtige« entscheidet.

Gleichzeitig ist Pop zu einem Multi-Milliarden-Geschäft geworden mit Superstars, Megakonzerten, Millionensellern, Kinofilmen, Merchandising. Erste Tribalisierungseffekte sind bemerkbar, Pop ist nicht mehr einheitlich, sondern teilt sich in verschiedene Gruppierungen, die sich allerdings immer noch gemeinsam gegen das Establishment verständigen können. Dieser Teil der Pop-Historie eignet sich hervorragend als Museum einer vergangenen Zukunft, weil mit dieser heroischen Phase gesellschaftliche Utopien verbunden sind, die sich in ganz eigene und nicht mehr wiederholte Formen gießen lassen. Die Formensprache der 1960er/70er-Jahre hebt sich bis heute von allen anderen Epochen des 20. Jahrhunderts ab und hat den Nimbus des Unbeschwerten, Freien und Futuristischen.

TV-Serien wie »The Avengers / Mit Schirm, Charme und Melone« von (1961–1969) sind sich bereits ihrer Pop-Zeichen bewusst. Heute genießen sie deswegen Kultcharakter.

Pop ist Verhalten

Der dritte Teil des Buches beschreibt das, was von Pop übrig geblieben ist: die totale Vermarktung, die totale Um-

gebung. Es ist fast unmöglich geworden, nicht Pop zu sein, außerhalb der Popwelt zu leben. Das Geschäft mit der Musik, der Mode ist effizienter und global geworden. Die politischen Illusionen sind dahin, bereichert um politische Spektren, die man im Pop nicht wiederzufinden glaubte, wie z. B. Neonazis und religiöse Fundamentalisten. Der Jugendkult des Pop hat die Generation der 60-Jährigen erreicht, der alte Klassen- und Generationenkonflikt scheint vorbei, er wird zumindest nicht mehr durch popmusikalische Genres definiert. Mit dem Rap bahnte sich eine schwarze Unterschichtenkultur ihren Weg nach oben, dies jedoch gepaart mit einem atavistischen Menschenbild und frühkapitalistischem Habitus. Das Musikfernsehen bringt in den 1990er-Jahren die Kombination

Aus einem Comic wird ein Film, aus dem ein Comic wird und so weiter: »Barbarella«, hier in der Filmversion von Roger Vadim mit Jane Fonda, 1968. Die Kostüme entwarf Paco Rabanne.

von Bild und Ton zu einer neuen Perfektion, mit der Digitalisierung der Musik und ihrer Verbreitung in den Netzmedien verschwinden die traditionellen Visualisierungen.

Gibt es heute noch Pop? Natürlich, denn die Medien bestehen aus nichts anderem. Pop und Mediatisierung sind miteinander verwoben – die Welt der Bilder und Klänge ist die Welt des Pop. Aber ursprünglich entstand Pop als Be-

wegung, die den Blick auf eine faszinierende Welt innerhalb unserer Welt richtete: auf die Welt des Konsums, des
Schnellen und Vergänglichen, der flüchtigen Sensation,
des Fetischs und des Besonderen im Alltäglichen. Doch
dieser Blick ist heute Alltag, Pop ist keine Haltung mehr,
sondern Verhalten. Alles ist Pop, von der Volksmusik bis
zur Klassik, vom Schwermetall bis zum Folk, von der Werbung bis zum Kino, von den Comics bis zur Kunst. Pop-
attitüde gehört zum guten Ton, wird durch ständige Retro-
Phasen neu belebt und kommerziell ausgeweidet. Pop hat
sich selbst überlebt und zehrt vom reichen Fundus an Bildern, Klängen und Haltungen, die ihn einmal ausmachten.
Pop ist Mehrheitskultur, keine Subkultur mehr. Auf der Suche nach dem Neuen werden mögliche Quellen für subkulturelle Bewegungen von den Medien sofort ausgeschlach-
tet und in den Mainstream integriert.

Der Schnellkurs Pop ist keine Musikgeschichte des
Pop – davon gibt es viele und viele sehr gute. Das Anlie-
gen dieses Buchs ist die Zusammenschau verschiedener
Medien zu einer ästhetischen Kultur: Pop ist ein komple-
xes Zeichensystem aus Klang, Bild, Zeit und Raum, aus In-
trospektion und Expressivität, Körperlichkeit und Intellekt.
Im Anhang habe ich versucht, statt des normalen Regi-
sters ein Verzeichnis von Orten und Personen aufzulisten,
die für die Geschichte der Popkultur von Interesse sind.
Manche kommen im Haupttext des Schnellkurses vor, andere nur im Anhang. Für den Fortgang der Ereignisse kann
ein einziger Abend in einem bestimmten Lokal von immen-
ser Bedeutung sein, so wie das Erlebnis eines Konzerts
oder einer Vorführung den Weg den Lebensweg eines jeden beeinflussen kann.

Aus »popular« wird Pop

Pop kommt von »popular«, das bedeutet im englischen Sprachraum sowohl »volkstümlich« als auch »beliebt« als auch »verbreitet«. Alle drei Bedeutungen sind für die Entstehung und Ausbreitung des Pop essenziell.

Volkstümliche Kunst und volkstümliche Darstellungsformen hatte es immer schon gegeben; Bänkelsang, Operette, Walzer und Volksmusik waren sowohl volkstümliche als auch verbreitete und beliebte musikalische Formen; Holzschnitte, Karikaturen, Spottverse, Dioramen, Vaudevilles, Cabarets und Varietés waren volkstümliche Formen der literarischen, szenischen und visuellen Inszenierung. Aber das alles war noch kein Pop.

Noch bis in die zweite Hälfte des 20. Jahrhunderts hinein wurde der kulturelle Diskurs (zumindest in Europa) von einer „Top-down"-Mentalität bestimmt, diktiert von einer elitären Gruppe von Kulturproduzenten, -vermittlern, -kritikern und -konsumenten. Kultur, ja Kunst und Breitenwirkung gingen in dieser Sicht der Dinge nicht zusammen. Kultur hatte Hochkultur zu sein und damit quasi per naturam nur für wenige Eingeweihte verständlich und zu genießen. Daneben gab es noch die Folklore als mehr oder minder authentisch angesehene Hervorbringung der Massen oder als in der Tradition aufgehobene historische Entwicklung. Die Welt teilte sich in wenige Wissende, die bestimmten, was gut, wahr und schön war, und in die vielen anderen, die in den Augen der Wissenden nur Schund, Kitsch, billiges Vergnügen und Zerstreuung suchten. »Volkstümlich« war nicht nur eine Einordnung, es war

Nipper, das Warenzeichen der Electrola Schallplattengesellschaft: Ohne die technischen Möglichkeiten der Reproduktion gäbe es keinen Pop.

ein abwertend gemeintes Urteil. Dem hochkulturellen Selbstverständnis und vielen seiner Deuter galten die unmittelbare Freude, das sinnliche Erleben und die wiederholte rituelle gemeinschaftliche Erfahrung der Kunst gegenüber nicht angemessen. Kulturelle Hervorbringungen, zu denen man ausgelassen tanzen und mitsingen kann, sich in Gemeinschaft aufgehoben fühlt, vielleicht sogar ekstatisch in der Menge aufgeht, standen dem tradierten Kunst- und Kulturverständnis diametral gegenüber. Auch der Bedeutungsaspekt »beliebt« des Worts populär hieß deshalb schon fast beliebig; was der Menge gefiel, konnte keinen hohen Wert haben.

Im Pop kulminieren mehrere Entwicklungen des 19. Jahrhunderts: Industrialisierung, Verstädterung, Mechanisierung, Elektrifizierung und Reproduzierbarkeit. Populär im Sinne von »verbreitet« setzt voraus, dass eine Botschaft oder ein ästhetisches Artefakt innerhalb kurzer Zeit bei sehr vielen Menschen bekannt ist; das wiederum setzt sowohl dichte Besiedelung/städtische Strukturen als auch technische Möglichkeiten der Verbreitung voraus: mechanisierte Abläufe der Produktion und Rezeption, Techniken der Verbreitung, Rituale des Konsums. Vom mechanischen Klavier über den Phonographen zum Radio; von der Fotografie, Lithografie zum Kino und Fernsehen; von der verstärkten Gitarre über das Plattenstudio zur länderübergreifenden Ausstrahlung; vom Gemeinschaftsritus im Gottesdienst über die Clubs und Dance Halls zum Open-Air-Konzert und Rave.

Die alte Kultur lebte davon, dass die Objekte ihrer Wertschätzung nicht verbreitet, sondern selten waren;

Techniken der Reproduktion lassen Rituale der Rezeption entstehen: Die Jukebox, eine Maschine, wird zum Ort von Fantasien. Foto von Paul Almasy, frühe 1960er-Jahre

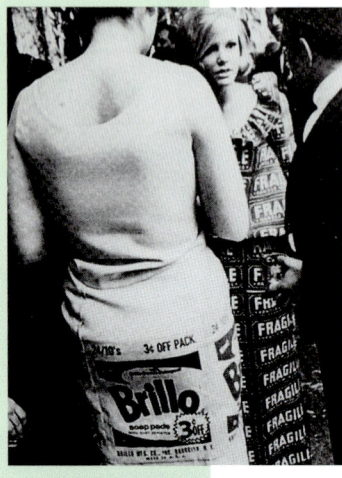

Aus Produktinszenierung wird Pop, dann Pop-Art und daraus wieder eine Produktinszenierung, z. B. die Mode: Pop-Kleider in New York, ca. 1964 (Archive Pictures Inc.)

nicht beliebt, sondern erhaben; nicht volkstümlich, sondern elitär und genial. Die Industrialisierung mit all ihren Nebenwirkungen schaffte die technischen und sozialen Voraussetzungen für eine neue Kultur, für die Kultur des 20. Jahrhunderts: den Pop: schnell und vergänglich, trivial und verständlich, sinnenfroh und körperbetont, den Alltag durchdringend. Autsch! Das tat weh!

Pop ist mehr als Pop
Man könnte von den Pop Arts sprechen, wenn man Pop meint. Die Pop-Art ist bisher nur auf eine Epoche der bildenden Kunst bezogen worden, die sich zwischen 1958 und 1970 abgespielt hat. Doch Pop (bzw. die Pop Arts) ist als eine Gesamtheit sämtlicher ästhetischer Dimensionen entstanden und zu verstehen. Neben der Musik sind das verschiedene Formen der grafischen Gestaltung auf Tonträgerverpackungen, Plakaten, Büchern, T-Shirts etc. Es ist das Fernsehen, der Film, der Tanz und die Choreografie. Es ist die Fotografie, die Mode, das Produktdesign bis hin zur Architektur; es ist Literatur, Journalismus, Lyrik und Werbetext – kurzum: Pop vereinte in noch nie da gewesener Breite sämtliche ästhetischen Produktionsweisen und kombinierte sie zu einer ästhetischen Supernova, in der die Menschen nicht nur von Pop umgeben waren, sondern sich Pop fühlten, Pop waren.

Pop ist ohne Kommerz gar nicht zu denken, insofern gehen die Kritiken am Gegenstand vorbei, die dem Pop (der Musik, der Inszenierung etc.) das kommerzielle Element vorgeworfen haben, um ihm einen kulturellen Wert abzusprechen. Abgesehen davon, dass »ernste«, »klassische« Kunst ebenfalls ökonomischen Verwertungszusammenhängen unterliegt, ist das Kommerzielle, der Verwertungs-, Vermarktungs- und Verbrauchsaspekt ein Konstituens von Pop. »Here today, gone tomorrow« ist der popästhetische Gegenentwurf zur »ars longa vita brevis«-Doktrin der Hochkultur.

Präpop: Dada etc.

In Europa reflektierten ab 1918 Dada und der aufkommende Surrealismus das zerstörte Band zwischen Kunst und Gesellschaft. Insbesondere die Dada-Bewegung bediente sich aller technischen Errungenschaften der Epoche: Fotografie, Film, Phonographie, Autotypie und Propagandastilistik. Die frühen Surrealisten gestalteten Filmabende mit Schallplatten, die im Hintergrund abgespielt wurden, und inszenierten Revuen, die die Ästhetik der Großstadt aufgriffen. Versatzstücke der Warenwelt wie Plakate, Zeitungen, Anzeigen, Logos finden den Weg in die Malerei der Kubisten. Pablo Picasso und andere Künstler entwerfen nach 1917 Bühnenbilder und Kostüme für die Ballets Russes in Paris, »die Kunst« scheint sich aufzulösen bzw. sich nicht mehr allein als Malerei und Plastik zu begreifen: Sie sucht die Öffnung. Das Kino ebnet der populären Musik den Weg und hebt es durch die raum-zeitliche Inszenierung auf eine neue Stufe: Filmisch-choreografisch inszenierte Musik ist Popmusik. Doch trotz dieser Einsprengsel bleiben die Kunst, die avantgardistischen Strömungen eingeschlossen, dem großbürgerlichen Leitbild einer Elitenkultur verhaftet – mit einer Ausnahme vielleicht, der politischen Grafik. Insofern kann man in den frühen avantgardistischen Strömungen das ein oder andere Versatzstück dessen entdecken, was später als Pop bekannt wird, doch vom Anspruch her sind die Arbeiten der Kubisten und Surrealisten »Kunst« und nicht Pop.

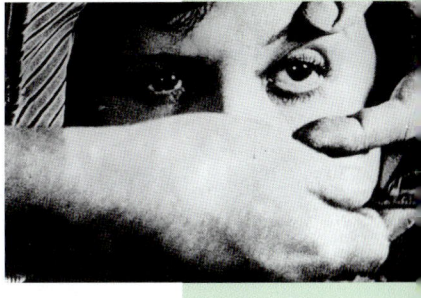

»Un Chien Andalou« von Luis Buñuel und Salvador Dalí. Bei den ersten Aufführungen improvisierte Buñuel mit einem Grammofon hinter der Leinwand. Die Bildsprache dieses Films wirkt bis heute nach.

Am ehesten sind es noch die Dadaisten, die eine Präpop-Position verkörpern. In vielen Dingen bewerten

sie die Haltung des Individuums gegenüber der Gesellschaft und der Welt sowie den damit einhergehenden
Stil ähnlich hoch wie Jahrzehnte später die Heroen des
Pop. Da es noch keine Jugendkultur gibt, kann man die
Rebellion von Dada, seinen ästhetischen Affront, vielleicht in gewissem Sinn mit Pop vergleichen. Viele Da-
da-Filme scheinen im Nachhinein die Folie für spätere
Musikclips zu sein; die Art, mit Sprache und Musik (Tri-
stan Tzara, Kurt Schwitters) umzugehen, scheint direkt
in die Beat-Literatur und Popmusik hineinzuwirken; die
Readymades von Marcel Duchamp scheinen direkte
Vorläufer der Popinstallationen von Andy Warhol und
anderen zu sein. Aber: So antibürgerlich, Anti-Esta-
blishment und anti-traditionalistisch, so politisch und
widersprüchlich die Dada-Bewegung war, im Unterschied zum Pop fehlte ihr das Reproduktions-Moment:
das Aufzeichnen, Vervielfältigen, Verbreiten, Wiederho-
len von Aktionen und ästhetischen Handlungen. Dada
hat keinen Impetus zum kollektiven Rausch. Wenn Luis
Buñuel etwa bei einer Vorführung des Films »Un Chien
Andalou / Ein andalusischer Hund« hinter der Leinwand Schallplatten auflegt – Richard Wagner, Tango,
Musette und Wolfgang Amadeus Mozart – dann mixt
oder scratcht er nach heutigen Maßstäben, aber das
tut er nicht, damit sich sein Publikum in einen Rausch
tanzt, sondern um einen Affront zu produzieren: »Epa-
ter le bourgeois«, den Spießer herausfordern, lautet
die Devise des Dada. Vor allem aber ist Dada keine
Straßenkultur, sondern eine antibürgerliche Haltung
aus dem Bürgertum heraus.

In the beginning

In den USA war man bereits in den 1920er-Jahren den
Europäern ein Stück voraus, was die Masse der neuen
Einflüsse und ihre technische Verbreitung betraf – un-
terstützt durch einen affirmativen, sehr pragmatischen
Umgang mit neuen ästhetischen Formen und ihrer me-
dialen Verbreitung wie Jazz und Blues, der Werbung,

dem Radio, dem Comicstrip in der Tageszeitung;
Erscheinungen, mit deren Anerkennung als zeitgemäße Kultur sich das alte Europa schwertat.
Der Erste Weltkrieg hatte zwar Schluss gemacht
mit der Selbstverständlichkeit und Selbstherr-
lichkeit der dynastischen Ordnungen und dem
Anspruch einer bürgerlichen Elite auf kulturelle
und politische Vorherrschaft, doch jenseits der
Großstädte verhallen die neuen Klänge. Außerdem ist Europa kulturell so disparat, dass die
populären Klänge und Bilder in jedem Land anders sind – der amerikanische Jazz verbindet
länderübergreifend eine großstädtische, modernistische Klientel. Der Schlager und die Revue
erleben in ganz Europa eine Blüte, der New-Orleans-Jazz und der Swing werden in Frankreich
und Deutschland gespielt, aber es ist eine Musik für
Erwachsene, nicht für Jugendliche. Sydney Bechet, Josephine Baker, etwas später Django Reinhard, Duke El-
lington und Louis Armstrong spielen und singen in
Frankreich zweifellos populäre Musik, sie bereiten mit
ihren Bühnenshows und Filmauftritten dem späteren
Pop den Weg, aber es ist eine Musik für die Boheme. In
Metropolen wie Paris und Berlin ist man Amerika ein
Stück näher, doch mit der nazistischen Machtergrei-
fung und dem darauf folgenden gewaltsamen Zusam-
menbruch Europas werden diese Einflüsse fast verschüttet.

Jazzmusik, Radioübertra-
gung, Revuen und
Shows bilden in den
1920er-Jahren den
Humus, auf dem drei
Jahrzehnte später Pop
entsteht: Josephine
Baker, Präpop-Star und
Sexsymbol der Roaring
Twenties. Foto von
French Walery

Es gärt in den USA

Die Einflüsse in diesen frühen Jahren sind ganz disparat und scheinen nicht viel miteinander gemein zu haben: Da ist der ländliche Blues der Schwarzen, der
schon vor der Depression mit den Landarbeitern in die
Industriestädte der amerikanischen Ostküste und des
Nordens gekommen ist. Da ist der Gospel aus den Kir-
chen der Schwarzen. Es gibt Rituale wie bei den Zu-
sammenkünften der Shaker-Sekte, die für den Rock 'n'

Roll wichtig werden sollen. Der Jazz kommt aus New Orleans und Chicago und wird in New York weiterentwickelt. Speziell in den amerikanischen Metropolen entstehen in den 1930er-Jahren Subkulturen und neue Milieus; deren Kleidungs- und Lebensstil dienen der Abgrenzung gegenüber bereits etablierten Milieus und der Identifikation mit der eigenen Gruppe. Die Art sich zu kleiden und zu benehmen, sich zu bewegen und zu tanzen (sozusagen ohne Tradition), wird zu einem Baustein jeder popkulturellen Entwicklung. Junge Bohemiens übernehmen den Stil dieser Gruppen, schreiben ihn fort und beschreiben ihn als Lebensgefühl einer neuen Generation: die Hipsters und Beatgeneration der späten 1940er-Jahre bilden mit den schwarzen Jazzmusikern des Cool Jazz einen Fluchtpunkt stilisierter Alltagskultur. Hier wird spätestens klar, warum Pop einen kulturellen Paradigmenwechsel markiert: Es ist nicht mehr die von einer kleinen Elite praktizierte Vorbildkultur, die »nach unten« diffundiert, sondern die neue Kultur kommt von unten, von Randgruppen, aus Ghettos, von Unterprivilegierten und Außenseitern.

Verdrängung und Angst vor dem Trieb: Pulp-Fiction lebt von den angeblich unbewussten Vorstellungen über Sexualität und Gewalt.

Pulp-Fiction und B-Movies

Technikbegeisterung einerseits, Angst und Verdrängung andererseits lassen in den 1930er-Jahren neue Genres und spezifische Medien entstehen, die sogenannte Pulp-Fiction (übersetzt etwa »Schmutzliteratur«), die Science-Fiction und den Comic. In diesen Genres sind sämtliche Affekte und Triebe enthalten, die in der offiziellen Hochkultur nur in gereinigter, sublimierter Form erscheinen: Sex, Gewalt, und Unterdrückung. Dieses »Trio infernal« taucht jeweils in doppelter Form auf: Sex als eigentlich positive Energie und zugleich als aufgestauter Trieb und repressive Gewaltorgie; Gewalt als vom Menschen an der Natur und an anderen Menschen ausgeübte und gleichzeitig als von unheimlichen, nicht- oder halbmenschlichen Wesen am Menschen ausgeübte Gewalt und Unterdrückung. Dieser Triebhaushalt wird über Kriminalromane, fantastische Geschichten und pseudo-wissenschaftliche Zukunftsszenarien angesprochen und virulent gehalten. Die Geschichten von Detektiven, Ermittlern, Wissenschaftlern und Raumfahrern erscheinen als Fortsetzungen in Heftform, liefern wöchentlichen oder monatlichen Nachschub für kleines Geld. Mindestens so wichtig wie die Texte sind die Cover-Illustrationen, die die Story hinter der Story erzählen: Perfekt gebaute Superfrauen, muskelbepackte moderne Gladiatoren, grässliche Dämonen und Ungeheuer aus anderen Welten, mutierte Lebewesen, die für die Zweifel und verdrängten Triebe der Leser stehen. Sieg oder Unterdrückung – Leidenschaft oder Vergewaltigung, das sind die grundsätzlichen Pole, auf denen das ganze Universum der Pulp-Fiction aufbaut. Wissenschaftler

Aargh! Mutierte Insekten übernehmen die Welt. Jack Arnolds Klassiker »Tarantula« von 1955

mutieren zu weiblichen Sklavinnen, Männer verlieren die Kontrolle und werden von Frauen ferngesteuert; ferne Galaxien werden von weiblichen Wesen beherrscht, die eine Armee von Mutanten befehligen; durch wissenschaftliche Experimente mit Strahlen oder Chemikalien schrumpfen Menschen oder werden zu Riesen. Ameisen terrorisieren eine Stadt – sind damit die Russen gemeint oder hat sich doch nur das kollektiv Unbewusste Bahn gebrochen? Ein Mann schrumpft auf Insektengröße oder wacht als Fliege auf – es ist wie Kafka auf Speed, was nach bzw. parallel zu den Pulp-Heften eine neue Branche in Hollywood produziert: Die B-Movies, die billige, dunkle, schmutzige Seite des Kinos jenseits des Star-Systems (= A-Movies). Die Plakate für jene Filme ähneln den Coverillustrationen der Hefte, deren Inhalt oft die Grundlage für das Drehbuch der B-Movies ist.

Man muss davon ausgehen, dass auch damals schon die B-Movies mit einem lachenden und einem gebannten Auge gesehen wurden: Die B-Movies boten die Möglichkeit, Gewalt und Sexualität zu zeigen, wie es im Starkino unmöglich war. Fehlendes Budget und oft auch fehlende Qualifikation von Darstellern und Regisseuren (etwa der legendäre Ed Wood) machten die B-Movies zu etwas Besonderem, zu einem Nervenkitzel ähnlich einer Geisterbahnfahrt, bei der von Lächerlichem, Überraschungen, Thrill bis hin zum echten Schrecken und sexueller Erregung die gesamte Klaviatur der Triebe gespielt wird. Neben den kollektiven Bildern und Mythen, die im Pulp oder in der Science-Fiction und im B-Movie bedient werden, reagieren die B-Movies einfach schneller auf gesellschaftliche Tendenzen wie das Aufkommen der Teenager, der Beatniks und der Rocker: Mit diesen Themen lässt das Zurschaustellen von Sex und Gewalt rechtfertigen, und das zieht die Leute ins Kino. »Rock around the clock« wird durch einen B-Movie berühmt, die Surfwelle 1957 – 1963 und die Drogenszene Kaliforniens werden von Regisseuren dieses Genres filmisch verarbeitet.

Der erste Popstar

Die »Bobby Soxer«, 12- bis 17-jährige Mädchen, die ekstatisch ihrem Idol Frank Sinatra zujubeln und millionenfach seine Schallplatten kaufen, sind die Vorboten von Pop als Jugendkultur und bilden den Prototypen des Fans ab: jung und weiblich. Die Zeitgenossen stehen fassungslos vor der Tatsache, dass Sinatra Hunderttausende junger Menschen, in der Mehrzahl Mädchen, mit seinem Auftreten in Hysterie versetzt. Die nach damaligem Verständnis mittelmäßige Gesangsleistung Sinatras, durch fehlende Verstärkeranlagen und Zuschauerkreischen kaum verständlich, lässt die Kritiker ratlos zurück: Was geschieht hier? Sinatra ist das erste Teenie-Idol, seine Fans reisen ihm nach, besuchen mehrfach die Konzerte, werfen Kleidungsstücke auf die Bühne, sind außer sich. Das Phänomen einer kollektiven Ekstase, dionysisch selbstbezogen und nicht einem autoritären Gedanken verpflichtet, erlebt Amerika 1943/44 mit Sinatra zum ersten Mal. Der Sänger ist insofern rollenbildend, weil er sich als einer der ersten Sänger überhaupt von seinem Orchester (Tommy Dorsey) löst und unter eigenem Namen Platten veröffentlicht – bis dahin waren Sänger nur Teil der Band und dem Bandleader unterstellt. Sinatra macht vor, wie ein Sänger zum Star wird und die Band in den Hintergrund drängt.

Fotografen und kreischende Teenies, »Bobby Soxers« genannt, empfangen Frank Sinatra Ende der 1940er-Jahre.

Die Intellektuellen entdecken Pop

Die früheste Definition des Begriffs Pop stammt von dem englischen Kulturwissenschaftler und -kritiker Lawrence Alloway, der 1954 innerhalb einer Vortragsreihe der (damals noch nicht so genannten) »Independent Group« (IG) am Institute of Contemporary Art (ICA) in London über die obsolet gewordene Einteilung in High und Low referierte und dabei »popular culture« als »mass culture« bzw. »American popular culture«

definierte: »Pop ist die Summe der Künste (arts), die für den gleichzeitigen Konsum für ein großes Publikum entworfen werden. Deshalb existiert eine Ähnlichkeit des Vertriebs und des Konsums von Printmagazinen, Filmen, Drucken, Schallplatten, Radio- und TV-Programmen sowie von Industrie- bzw. Wohndesign.« Alloway sprach von einem »fine art – pop art continuum« mit fließenden Übergängen, das der klassischen, elitistischen, modernistischen Definition der Kunst als höchster Form menschlichen Geistes widersprach.

»Just what is it that makes our today's home so different, so appealing?« heißt die berühmte Collage von Richard Hamilton für den Katalog der Ausstellung »This is tomorrow« 1956.

Alloways Ausführungen, die sich mit der Einschätzung der anderen IG-Mitglieder Richard Hamilton, Eduardo Paolozzi, Peter und Allison Smithson, Reyner Banham deckten, basierten auf der damals mit dem (amerikanischen) Pop verbundenen Hoffnung auf einen wirklich modernen, sozialen Neubeginn im Nachkriegsengland. Die Segnungen des American Dream wurden vor allem begriffen als Ausformungen von realen, objektiv vorhandenen ökonomischen, sozialen und psychologischen Wünschen und Bedürfnissen der Menschen, die eine moderne Industrie in einem demokratischen System zu befriedigen in der Lage war. Der utopische Ansatz bestand in der Hoffnung auf eine sozial gerechte, ökonomisch befriedigende Zukunft in einer modernen demokratischen Welt. Dass die Bedürfnisse von Individuen und Gruppen von der Industrie gesteuert, manipuliert sein können, war Alloway und Konsorten klar; sie sahen diese Manipulation via Werbung und Massenmedien aber als das kleinere Übel gegenüber einer Planwirtschaft kommunistischen Zuschnitts oder dem utopischen Einheitsdesign der guten ideellen Form à la Bauhaus oder Le Corbusier an.

Für die avisierte Neugestaltung der Gesellschaft glaubte man die Elemente dieser Zukunft in den Zeichensystemen der (fortgeschrittensten, nämlich amerikanischen) Gegenwart zu finden: Das war die Utopie des Jetzt: »This is Tomorrow.«

Everything we think of is right
Die Virulenz dieses Gedankens bei Intellektuellen in den Fünfzigerjahren ist nicht erstaunlich. Vor allem in Europa schien ein umfassender Neubeginn auf allen Ebenen des Lebens angebracht. Der erstarrte Avantgardismus der Moderne bot vielen keinen Halt mehr; zu offensichtlich hatten sich die Kunst und ihre Theorie-Apologeten in eine eskapistische bzw. esoterische Position manövriert, aus der sie aus eigener Kraft nicht hinauszukommen schienen. Die sozialreformatorischen Ansätze des Bauhauses und des russischen Konstruktivismus mochten erstrebenswert bleiben, die Dogmatik der Form-, also auch Lebensgestaltung schien aber für die Masse der Konsumenten unannehm- und nicht wünschbar.

Die Design-Theorien eines Walter Gropius, Mies van der Rohe oder Le Corbusier waren elitär, snobistisch, lebensfremd und funktionalistisch. Das geschulte Auge

Ende der 1920er-Jahre hatte sich vor allem in der Architektur das Prinzip des Funktionalen durchgesetzt, das auf dem Primat der Funktion gegenüber der Form basierte. Mies van der Rohe, Le Corbusier und andere Architekten hatten ihre Vorstellungen eines versachlichten Bauens in Aufsätzen, auf Vorträgen und in Projekten dargelegt; da es weltweit Befürworter dieses Bauens gab, sprach man ab 1932 vom International Style. Auf dem aus dem Jahre 1880 stammenden Diktum des Chicagoer Architekten Louis Sullivan »form follows function« aufbauend, glaubte der Funktionalismus auf sämtliche symbolischen Anteile der Form verzichten zu können, solange die Funktion in der Form sichtbar blieb. Neben der Architektur behauptete sich der Funktionalismus vor allem bis in die 1960er-Jahre im Design, besonders in der Ulmer Hochschule für Gestaltung. Das missverständliche Konzept der Funktionalisten wurde durch neue Bau- und Werkstoffe, durch das Verschwinden der Mechanik zugunsten der Elektronik, vor allem aber durch das Anerkennen der kommunikativen Funktion der Produktform in den 1960er-Jahren obsolet. Funktionalismus in der Architektur wurde synonym mit billigem Bauen für Sozialschwache und für öffentliche Gebäude (Schulen, Verwaltung). Berühmt-berüchtigt für diese Art der Architektur wurde die amerikanische Trabantenstadt Pruitt-Igoe bei New Orleans, die 1972 abgerissen wurde, nachdem sich die Fehlentwicklungen, die durch die Planung und Fertigstellung entstanden waren, nicht mehr korrigieren ließen. Der Architekturkritiker Charles Jencks formulierte, dass der Abriss von Pruitt-

Adieu Funktionalismus: Sprengung der Siedlung Pruitt-Igoe 1972

Igoe den Tag markiert, als die Nachkriegs-Moderne endete.

Einen etwas abgemilderten Funktionalismus stellt der vor allem mit der Hochschule für Gestaltung in Ulm assoziierte Rationalismus dar: kubische Grundformen, einfache Ordnungsprinzipien, Verzicht auf Ornament und Attraktoren wie bunte Farben. Prototypisch dafür stehen das Design der Firma Braun aus den Fünfziger- und Sechzigerjahren, die Entwürfe von Max Bill und die Idee der »Guten Form«. Diese will eben nicht überraschen und überreden, sondern überzeugen – eine radikale Abkehr vom Styling amerikanischer Provenienz und dem Prinzip der angeblich »beliebigen« Form.

sollte sich am »weniger ist mehr« eines Mies erfreuen
können. Leider hatten die Theoriegroßväter vergessen,
dass ihren Millionen »Enkeln« die ökonomischen und
sozialen Grundlagen fehlten, aufgrund derer sie sich
für freiwilligen Verzicht und
Reduktion auf die Funktion
hätten entscheiden können.
Dass die Rollos im Pan-Am-
Building nur in drei Positionen
zu arretieren waren (offen,
halb-geschlossen, ganz ge-
schlossen), mochte einen
strukturalistischen Denker
entzücken, den die Fassade
an ein IBM-Computer-Relais-
Ungeheuer der ersten Stunde
erinnerte; die Angestellten,
die am Fenster sitzen mussten (sofern sie es bis dorthin
geschafft hatten in der Hierarchie), sahen das vermutlich anders.

Illustration von Richard
Hamilton, John McHale
und John Voelcker für
den Katalog der Ausstel-
lung »This is tomorrow«
1956

    Der theoretisch überhöhte Purismus und Puritanis-
mus dieser Utopien stand nicht nur den Independents
lebensfeindlich im Weg. Amerikanische Filme, Musik,
Autos, Anzeigen, Comics, Pulp-Fiction waren attraktiver, weil sie bestehende Bedürfnisse nach Emotiona-
lität, Augenschmaus, Nervenkitzel, Erotik, Schnelligkeit und Mobilität ansprachen, auch wenn sie zur
wirklichen Befriedigung dieser Bedürfnisse nicht hin-
reichend waren (grundlegendes Gesetz des Kapitalismus: Erfülle keinen Wunsch ganz und gar, weil du dann
morgen deinen Laden zumachen kannst.). Doch an-
statt diese Objekte der »Bewusstseinsindustrie«, der
»Aufklärung als Massenbetrug« (wie die deutschen Philosophen und Soziologen Max Horkheimer und Theo-
dor Adorno in der »Dialektik der Aufklärung« 1949
schrieben) rigoros als falsches Bewusstsein abzuleh-
nen, gestanden ihnen die Independents eine Daseins-

berechtigung zu, ohne ihrer Anziehung blind zu erliegen. Richard Hamilton formulierte es so: »Everything we think of is right.« (»All is pretty«, formulierte Andy Warhol einige Jahre später.)

Es war nur zu offensichtlich, dass sich die elitistisch-modernistische Unterscheidung zwischen Fine Art = High Culture und Popular Art = Low Culture, wie sie der konservative Kunstkritiker Herbert Read getroffen hatte, nicht aufrechterhalten ließ. Es war das ideologische Rückzugsgefecht eines im Verschwinden begriffenen Großbürgertums, das seine Sinn-Bastionen so schnell nicht räumen und seine Wohnzimmer so schnell nicht umdekorieren wollte.

»Forbidden Planet / Alarm im Weltall« ist heute fast vergessen, doch Robby the robot war nicht nur in der Ausstellung »This is tomorrow« vertreten, er war auch der Vorfahre etlicher sprechender Roboter und Druiden. Es ist außerdem der erste Film mit Leslie Nielsen.

Das erste Popmanifest: This is tomorrow

Die Independent Group leistet mit ihren Texten und Ausstellungen eine frühe Selbstreflexion der auf Massentauglichkeit und Jugend zugeschnittenen Konsumwelt, die von nun an Pop genannt werden konnte. Die Collagen, die Eduardo Paolozzi und Richard Hamilton verfertigten, bestanden aus Material, das sie den sogenannten Niederungen der Literatur, den Pulp- und Comic-Heften, Anzeigen und Wurfpostsendungen entnommen hatten. Das war im intellektuellen Sinn Pop, auch wenn es nicht im ersten Sinn gelebter Pop war. Dafür gelangten in die geschichtsträchtige Ausstellung »This is tomorrow« Bestandteile der realen Popwelt wie »Robbie the Robot« aus dem Trash-Science-Fiction-Film »Forbidden Planet / Alarm im Weltall«, eine überlebensgroße Marilyn-Monroe-Werbefigur für den Film »The Seven Year Itch / Das verflixte 7. Jahr« und ein

Plakat von John McHale
für die Ausstellung »This
is tomorrow« 1956

Coca-Cola-Spender. Noch mehr als die Vorgänger-Aus-
stellungen »Parallel of life and art« und »Man, machine,
motion« setzte »This is tomorrow« auf das unvermittel-
te Nebeneinander von Alltag, Design, Kunst, Wissen-
schaft, Unterhaltungsindustrie und Medien. Zwei Bereichen kam dabei große Bedeutung zu: den »Pulp«
genannten Kriminal-, Abenteuer- und Science-Fiction-
Heften einerseits sowie den Inszenierungen in den
Werbeanzeigen andererseits. 1956 schrieben die IG-
Mitglieder Peter und Allison Smithson in einem Artikel,
dass Künstler heute Werbeanzeigen sammeln, so wie
man früher Getreidesilos fotografiert oder objects
trouvés gesammelt habe.
   Die Wucht der amerikanischen Werbung hatte Europa getroffen. Denn zum einen besaßen die beworbe-
nen Produkte einen Traum- bzw. Paradiescharakter für
die Nachkriegsgesellschaft, zum anderen war die
Machart der Anzeigen so attraktiv, so neu und so über-
raschend, dass viele Künstler und Intellektuelle in den
Bilder- und Sprachwelten der Werbung eine legitime
Nachfolge der Kunst sahen. Was einsetzte, war ein
Umdenken einiger Zeitgenossen von den europäischen, elitären Positionen (ungegenständliche Kunst,
Funktionalismus) hin zu einem amerikanischen Denken, das erschwinglichen Komfort für alle und schwel-

gerischen Umgang mit Form und Material implizierte. Reyner Banham, ein englischer Kritiker, lobte das amerikanische Automobildesign als Formensprache, die sowohl den Stand der Technik, wenn auch prospektiv und in überhöhter Form, als auch die Wünsche und Vorstellungen der Konsumenten hinsichtlich ihres sozialen Horizonts verkörpere – im Unterschied zu der normierenden, elitären Formensprache des Funktionalismus europäischer Prägung.

Die neue Klasse

Eine neue Klasse: Die Teenager haben Geld, Bildung, Zeit. Sie sind die Boom-Zielgruppe für die amerikanische Industrie. Pop wurde, was er ist, vor allem durch die weiblichen Teens. Foto eines Bobby Soxers von Carl Iwagaki

Popkultur ist nicht nur Musik, aber ohne Musik nicht denkbar. Nach 1950 gab es keinen einheitlichen, vorherrschenden Musikstil in den USA, in Europa noch weniger. Hier versuchte man die Entwicklung des Jazz nachzuvollziehen, die durch den Krieg in vielen Teilen Europas unterbrochen worden war. Aus den USA kamen mit den auf dem Kontinent und den Britischen Inseln stationierten Soldaten Schallplatten und Rundfunksendungen mit spezifisch amerikanischer Musik, Blues, Jazz, Country und Folk. Doch erst die Melange von Rhythm and Blues mit Country-Elementen, die zum Rockabilly und Rock 'n' Roll führte, gab der populären Musik die Kraft, ein nahezu Schichten übergreifendes Publikum anzusprechen, die Teenager.

Vor dem Neologismus »Teenager« hatte es nur den Begriff des Jugendlichen und den der Adoleszenz gegeben, einer kurzen Übergangsphase des Kindes zum Erwachsenen. Mit Eintritt in das Berufsleben im Alter von 14/15 Jahren endete die

Kindheit, nach drei Jahren Ausbildung im Beruf waren
aus Jugendlichen Erwachsene geworden, ohne allerdings deren Rechte zu genießen: Volljährigkeit begann
mit 21 Jahren. Bereits in den 1930er-Jahren hatte sich
in den USA der Anreiz zur Verwendung des Taschen-
gelds gewandelt – vom Spar- zum Konsumanreiz. In
den prosperierenden Schichten der USA der 1950er-
Jahre stieg sowohl die Höhe des Taschengeldes als
auch die Möglichkeit, es alterskonform (heute würde
man sagen zielgruppenrelevant) auszugeben. Ob Mode
und Textilien, Unterhaltungstechnik (Radios, Plattenspieler), Kino- und Milchbarbesuche – die Industrie
hatte die Teenager als Konsumentengruppe entdeckt
und belieferte sie mit auf sie zugeschnittenen Produkten. Selbst in Deutschland konstatiert die 1960 er-
schienene Studie »Teenager und Manager«, dass der
Arbeitswelt zunehmend eine immer wichtiger werdende Freizeitwelt mit ihrem Konsumverlockungen ge-
genübersteht, die die Jugendlichen mit ihrem von Jahr
zu Jahr steigenden Budget im Visier hat.

Die riesige Zahl der Teenager in den USA und Europa
ist aber nicht nur ökonomisch anders aufgestellt als
vor dem Krieg, sie teilt auch die Wertvorstellungen der

> »Es geht um die Erfüllung der körperlichen Forderungen der aufblühenden Jugend. Puber-
> tät ist Sexualreifung und zunächst nichts anderes. Die sogenannte Kulturpubertät ästhe-
> tischer Psychologien ist, milde gesagt, Geschwätz. Die Sicherung des sexuellen Lebens-
> glücks der reifenden Jugend ist ein Zentralpunkt der Neurosenprophylaxe.«
> Wilhelm Reich, Die Entdeckung des Orgons (1940)

Elterngeneration und ihrer Institutionen und Medien
nur noch in geringem Maße. Die Abgrenzung bzw. soziale Distinktion von diesen Werten wird über Objekte,
Verhaltensweisen und Sprachregelungen nach außen
demonstriert. So entstehen Kodizes und Rituale, Zeichen einer neuen Generation, einer neuen Klasse. Was
ihr noch fehlt, ist der Soundtrack. Was sie wollen und
was sie tun, wissen sie ziemlich genau. Bereits bei Sinatra (und ein wenig milder bei Mario Lanza um 1952)

hatte man es mit der kollektiven Ekstase der vorwiegend weiblichen Jugendlichen zu tun bekommen – erschreckt und verstört stand das erwachsene Establishment vor dem Phänomen, doch niemand traute sich die Dinge beim Namen zu nennen, bis Elvis kam: Es ging um Sex! Ekstatische Rituale, musikalisch begleitete Trance kannte man aus religiösen Zusammenhängen (etwa bei den Shakern, aber auch den Baptisten), vor allem aber aus der ethnologischen Forschung und dem dunklen Kontinent des Voodoo. Diese Tür wollte niemand öffnen, bis die amerikanischen Wissenschaftler W. H. Masters und V. Johnson ihren ersten und zweiten Report zur Sexualität der amerikanischen Gesellschaft veröffentlichten und Sex in den späten Fünfzigerjahren zu einem Gesprächsthema wurde. Aber nur für Erwachsene, selbstverständlich: Insofern boten Rock 'n' Roll und Pop im Allgemeinen ein Repertoire an verschlüsselten Botschaften, die man verstehen konnte oder wollte, aber nicht zwangsläufig musste. So konnte Elvis voller Unschuld behaupten, er denke nur an die Musik und die gute Laune, wenn er »Shake, rattle and roll« singe. Die sexuelle Konnotation war für alle sichtbar, aber selbst die schärfsten Kritiker wagten anfangs nicht, ihre nahezu offensichtlichen Bedeutungen aufzudecken, man sprach nur von schädlichen Einflüssen, schlechtem Benehmen, unsittlichem Betragen.

Musikgeschäft und Technik

In den 1940er-Jahren war in den USA ein erbitterter Kampf um die Rechteverwertung von populärer Musik entbrannt. Die größte Verwertungsgesellschaft von Komponisten, Autoren und Verlegern, ASCAP, versuchte, eine Erhöhung der Tantiemen bei den Rundfunkgesellschaften zu erzwingen. Daraufhin gründeten die Rundfunk- und Filmgesellschaften die Konkurrenzorganisation BMI und warben Mitglieder der ASCAP ab. Der Bedarf an neuer, noch nicht von der ASCAP geschützter Musik wurde jedoch so groß, dass man sich ent-

Walze, Folie, Platte

1887 hatte der deutsche Erfinder Emil Berliner die Schallplatte und das zugehörige Abspielgerät als optimierte Version von Thomas Alva Edisons Walzenphonograph patentieren lassen (Berliner hatte im Unterschied zu Edison auch die Zukunft der Schallplatte im Unterhaltungsbereich erkannt). Doch erst in den 1920er-Jahren wurden das Grammofon und die Schallplatte zu einem Konsumgut. Durch die Erfindung der Schellackplatte verbesserte sich nicht nur die Tonqualität, auch die Abspielzeit stieg auf drei bis vier Minuten. Diese technisch bedingten Parameter sind ein Grund für die Länge populärer Songs bis heute. 1948 kam die Langspielplatte mit 33 $\frac{1}{3}$ U/min und zweimal 25 Minuten Laufzeit auf den Markt; ein Jahr später debütierte die Single mit 45 U/min, die für den Aufstieg des Rock 'n' Roll entscheidend werden sollte. Die Vorteile der Single lagen auf der Hand: Interpreten mussten nur zwei (in Ausnahmen vier) Aufnahmen einspielen. Damit waren die Produktionskosten geringer als bei der LP und der Ladenpreis dem Taschengeld der Klientel angepasst.

Mit der zunehmenden Mechanisierung, Industrialisierung und Kommerzialisierung der Musik rückte ein Verfahren in den Fokus, das die Verkaufszahlen und die Abspielzahlen der Singles in den Jukeboxes wiedergab: die Charts bzw. die Hitparade. 1934 begann die amerikanische Fachzeitschrift »Billboard«, die Verkaufszahlen von Platten zu veröffentlichen, ab 1938 kamen die Jukebox-Auswertungen dazu: Ein Besitzer mehrerer Radio-Stationen hatte 1955 festgestellt, dass von den Hörern nie mehr als 40 Titel aus einer Jukebox gewählt wurden, daraufhin kreierte er die Top-40-Charts als Radiosendung. Viele Auswertungs- und Ausstrahlungsformen von Popmusik sind also seit den Ursprüngen dieser Musik nicht verändert worden.

schied, musikalische Formen, die bisher als nicht radiotauglich galten, ebenfalls in das Repertoire aufzunehmen: Blues, Folk, Hillbilly. Die Zahl von 1000 eingetragenen Komponisten, Autoren und Produzenten stieg innerhalb eines Jahrzehnts auf das Zehnfache an. Erst diese Öffnung des Musikgeschäfts in Richtung populärer Klänge, traditioneller Folklore und schwarzer Musik bereitete den Boden für den Durchbruch des Rock 'n' Roll. Gleichzeitig bekamen die DJs in den Radiostationen eine ungeheure Macht, denn nur, was sie spielten, konnte am Markt erfolgreich werden. Neben dem Einfluss durch die Verwertungsgesellschaften sahen sich die DJs auch dem Druck der Plattenfirmen ausgesetzt, nachdem der Rock 'n' Roll zwischen 1954 und 1958 zu einem Millionengeschäft geworden war. Der »Payola«-Skandal Ende der 1950er-Jahre zeigte, wie DJs von einer Plattenfirma bestochen worden waren, damit sie bestimmte Titel häufig spielten und so deren Popularität steigerten.

Neben dem Radio waren die öffentlich aufgestellten Musikautomaten für die Verbreitung der Popmusik von entscheidender Bedeutung. Durch sie konnte ein beliebiger Ort (Café, Tanzbar, Milchbar, Diner, Kneipe) zu einem besonderen Ort, nämlich einer Poplocation werden, wenn die Musikautomaten mit entsprechender Musik bestückt waren.

Schon gegen Ende des 19. Jahrhunderts hatten sich die sogenannten Groschengräber, Automaten, die Walzen mit kurzen Musikstücken abspielten, großer Beliebtheit erfreut. In den 1940er-Jahren begann der Siegeszug der klassischen Jukeboxes, die zunächst mit Schellackplatten bestückt waren. Ausstattung und Design dieser Musikautomaten machten das Abspielen von Musik zu einem Ereignis. Die beleuchtete und chrombeladene Jukebox versprach ein Leben jenseits des Orts, an dem sie stand – es war eine Art Mini-Music-Hall. Der einsehbare Wechselmechanismus und das an die amerikanischen Limousinen der Flossenära angelehnte Design der Geräte machten sie zu magischen Apparaten.

Neue Sozialtypen und Rollenmodelle
Hipster

Früher als in Europa entwickelten sich in den Metropolen der USA bereits in den 1940er-Jahren Szenen, die einen subkulturellen, anti-etablierten Status pflegten. Die Hipsters, ursprünglich aus dem Milieu der schwarzen Jazzmusiker in New York kommend, erweiterten sich in den späten 1940er-Jahren um weiße Bohemiens, Dichter und Intellektuelle. Im Unterschied zu vielen europäischen Gruppierungen ging es nicht primär um eine politische Haltung, sondern um die Ausformulierung eines Lebensstils, der sich in Kleidung, Musik, Sprache und Verhalten äußerte. Die Hipsters gelten als erste rassen- und schichtenüberschreitende Bewegung und sind damit ein Vorbild für das egalitäre, nicht-hierarchische Lebensprinzip des Pop. Sie ging sogar noch darüber hinaus, denn die afroamerikanischen Einflüsse wurden von weißen Sympathisanten als nachahmenswert, weil ganz besonders authentisch betrachtet. Jazzmusiker wie Dizzy Gillespie und Charlie Parker standen für einen Stil, der für viele, die mit dem Konformismus der amerikanischen Gesellschaft nicht einverstanden waren, vorbildlich wirkte. Der vermeintliche Rückzug auf die Ausbildung eines Lebensstils sollte jedoch langfristig viel einflussreicher auf die amerikanische Gesellschaft sein als die ursprünglich politischen und sozialen Ideen, die Schwarze und Weiße in der Hipster-Bewegung zusammenbrachten.

Die Hipster-Bewegung kommt ursprünglich aus dem Milieu schwarzer Musiker und galt zwischen 1950 und 1960 als Inbegriff der Coolness. Max Roach, fotografiert von Francis Wolff für Blue Note Records

Beatniks

Etwa zeitgleich zu den Hipsters formierte sich in New York eine Gruppe von jungen Schriftstellern, die sich Beatgeneration nannte. Jack Kerouac, Gregory Corso, Herbert Huncke, Allen Ginsberg, William S. Burroughs und andere reklamierten für sich ein Generationengefühl, das in Gedichten und Romanen formuliert wurde: ständiges Inbewegungsein, rauschhafte, ekstatische

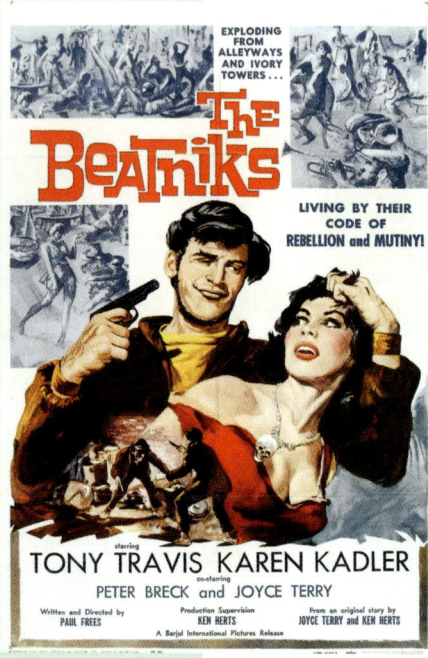

Der angeblich amoralische Lebensstil der Beatniks veranlasste Hollywood zu mehreren B-Movies im Beatnik-Milieu mit grotesken Überzeichnungen.

Erlebnisse und Begegnungen, Jazzmusik, Drogenkonsum, Befreiung von bürgerlichen Normen, freie Sexualität. Zusammengefasst als »hip« und »cool« wurde das Lebensgefühl der Beatgeneration zu einer Blaupause für viele nachfolgende Subkulturen. Die Affinität zum französischen Existenzialismus und zum fernöstlichen Zen erleichterte die Rezeption der Beatgeneration in Europa. Öffentliche Aufmerksamkeit und literarischer Erfolg stellten sich erst in den späten 1950er-Jahren ein; die größer werdende Gefolgschaft wurde in Anlehnung an Sputnik, den ersten Satelliten, den die Sowjetunion 1957 in die Erdumlaufbahn geschickt hatte, als »Beatniks« bezeichnet. Neben der rastlosen Sprache voller Neologismen und Slangvokabular waren es auch die zu Happenings umfunktionierten Lesungen der »Beats«, die bis in die heutige Slam Poetry hineinwirken – Präpop als Statement gegen den Mainstream der Eisenhower-Ära.

Motorcycle Boys

Neben den intellektuell und kulturinteressiert sich gebenden Subkulturen entstand in den 1930er-Jahren eine weitere Gruppierung, die das antigesellschaftliche Element nicht mit Worten und Musik, sondern mit Motoren und Gewalt verkörperte, die Rocker. So anti-etabliert die Rocker von Beginn an waren, so sehr lebten sie traditionelle, ja urkonservative Werte. Die Motorcycle Clubs oder Bike Clubs (so der ursprüngliche engli-

Nach der von Ernest Hemingway sogenannten »Lost generation« der Zwischen-kriegszeit war die Beatgeneration die literarische Bewegung, die sich in den Vereinigten Staaten Gehör zu verschaffen suchte. Die Beat Poetry war der Versuch, einer Generation eine Sprache zu geben, nach Worten, Verkettungen und Formen zu suchen. Jack Kerouac, Allen Ginsberg, William S. Burroughs und Gregory Corso schrieben sehr unterschiedlich über verschiedene Sujets, dennoch hatten sie etwas gemeinsam, was den Sammelbegriff Beat Poetry rechtfertigt. Zunächst waren es die Themen und die Settings, über die die Beatniks schrieben: Drogenerfahrungen, Sex, ekstatische Musikerlebnisse, Begegnungen mit merkwürdigen Menschen, Grenzerfahrungen. Dabei gab es durchaus Parallelen zu amerikanischen Dichtern des 19. Jahrhunderts wie David Thoreau oder Walt Whitman, aber auch zu deutschen Romantikern mit ihrer Landschaftsmystik. Gleichzeitig brach sich ein Naturalismus Bahn, wie man ihn von den »Mudrackern« der 1920er-Jahre kannte, von Realisten wie Upton Sinclair, aber auch eine Stream-Of-Consciousness-Technik (Bewusstseinstrom-Technik), wie sie James Joyce in »Ulysses« angewandt hatte. Das Besondere an der Beat Poetry war nicht allein, dass sie verschiedene Stilistiken vermischte, sondern es war vor allem die Emphase, mit der die Autoren ihre eigenen Erlebnisse und Beobachtungen zu denen der Leser machen wollten. Ausrufe, Schreie, ekstatisches Gestammel, Anrufungen gehören zur Beat Poetry. Ginsbergs berühmtestes Gedicht heißt »Howl / Das Geheul« und ist ein umfangreiches Klagelied gegen Establishment, Zeit und Kultur. In Kerouacs Büchern finden sich seitenweise Monologe oder Passagen, die extrem hastig hingeschrieben scheinen aus der Angst, sie sonst zu vergessen. Sein Opus Magnum »On the road / Unterwegs« hatte er 1954 auf einer einzigen langen Rolle Telefaxpapier in einem tranceartigen Kraftakt getippt. William S. Burroughs' Spezialität sind seine vielfältigen Drogenerfahrungen, die er auf Reisen quer über den amerikanischen Kontinent, aber auch in Nordafrika gemacht hat. Offen beschriebene oder unterschwellige Homosexualität schließlich ist ein weiterer Punkt, der für einen Affront der Beat Poets mit dem etablierten Kulturbetrieb sorgen musste. Neben der Attitüde, mit der die Beat Poets ihre Literatur geradezu fordernd vortrugen (Vorbild für die Poetry Slams unserer Tage), entwickelten die Beat Poets auch eine Form der öffentlichen Lesung mit Jazz-Begleitung – eine Art Happening.

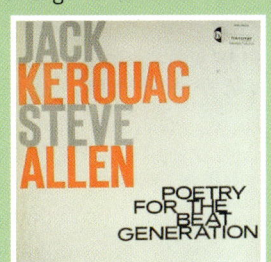

Die LP zur Literatur, 1958 live eingespielt

Marlon Brando in der Rolle seines Lebens als Motorcycle Boy in »The Wild One / Der Wilde« von 1952 – Idol sowohl für Männer als auch für Frauen

sche Begriff für das eingedeutschte Wort »Rocker«) entstanden als Zusammenschluss von heimgekehrten und entlassenen Soldaten, die sich von der Gesellschaft ausgeschlossen sahen und deshalb ihre Männerbünde gründeten. Der Outlaw-Gedanke (die zweite, 1935 gegründete Biker-Vereinigung hieß »Outlaws MC«; MC steht für Motorcycle Club), der zum alten Selbstbild des Rockers gehört, ließ Gemeinschaften entstehen, die ihr Ausgestoßensein expressiv nach außen dokumentieren: Kleidung, Ausstattung und Verhalten sind damals anti-konform, unkonventionell, nach herkömmlichen Maßstäben nicht einzuordnen. Nach einem Zusammentreffen verschiedener Motorcycle Clubs und Auseinandersetzungen mit der örtlichen Polizei in Hollister 1947 kommt es zu einer medialen Aufmerksamkeit des Phänomens, das 1952 in dem Film »The Wild One / Der Wilde« mit dem jungen Marlon Brando in der Hauptrolle verfilmt wird. Dieser Film wird zu einer Folie für die Inszenierung des Rockers schlechthin und macht Brando zu einem Idol der Teenager – männliche wie weibliche.

Denn sie wissen, was sie tun

Ob schwarze Musiker, weiße Bohemiens oder Unterschicht-Outcasts: Auf diese Stereotypen der Nicht-Angepasstheit und der sozialen Ausgrenzung wird sich der Pop in seiner späteren Entwicklung stützen: Als Stilvorlagen, Rollenklischees und Role Models, die diese Urbilder immer wieder evozieren, angereichert um die jugendliche Komponente der Suche, der Rebellion gegen das Erwachsenenestablishment.

Mit der steigenden Zahl von Teenagern, also jungen Menschen in einer Ausbildungssituation (Schule oder

Role Model für Generationen: James Dean in Nicolas Rays »Rebel Without a Cause / Denn sie wissen nicht, was sie tun« von 1955

Beruf), entsteht der Zwang, sich als neue Klasse vom Establishment abzusetzen. Dafür sind anfangs die Bedingungen nicht so einfach, denn man muss die existierenden Produkte, ob Kleidung, Schuhe oder Accessoires, verwenden und ihren Sinn umdeuten. Es gibt 1950 noch keine Industrie, die explizit den Geschmack der Teenager bedient, es gibt nur Unternehmen, die Kleidung produzieren, die im Sinne der Erwachsenen »Jungsein« repräsentiert. Insofern ist es wichtig, ob man als Junge die etablierten Lederschuhe trägt oder Schuhe, die eigentlich dem Sportunterricht vorbehalten sind. Mit den neuen Verhaltensweisen und den gruppeneigenen Ritualen, verbunden mit einer vermeintlichen Freiheit, die oft nur das Fehlen von elterlicher Fürsorge bedeutet, kommt in den 1940er-Jahren in den USA, und mit einem Jahrzehnt Verspätung in Europa, das Phänomen der »juvenile delinquence« auf, des jugendlichen Fehlverhaltens bzw. krimineller Delikte. Es ist ein wahrer Medienhype, der sich in Zeitschriftenartikeln, Büchern und Kinofilmen niederschlägt; wieder einmal stehen die Erwachsenen der Jugend ratlos gegenüber. Das Klischee des eigentlich sensiblen und höflichen Jugendlichen, der durch den Einfluss der Straße zu einem gefallenen Engel wird, wird in zahllosen Filmen und Songs beschrieben; zum wichtigsten wird »Rebel Without a Cause / Denn sie wissen nicht, was sie tun« (1955) unter der Regie von Nicholas Ray mit James Dean in der Hauptrolle. Der plötzliche Tod von Dean kurz nach der Premiere des Films löst eine mythische Verehrung des Schauspielers durch männliche wie weibliche Jugendliche aus. Der Pop hat seinen ersten Engel.

Auch in Deutschland kommt das Thema in die Schlagzeilen, allerdings mit anderen sozialen Hintergründen. Der Krieg hat eine Unzahl von Kindern ohne Väter oder ohne Eltern aufwachsen lassen; in den 1950er-Jahren machen dann die »Halbstarken«, die negativ konnotierte deutsche Variante des Teenagers, von sich reden. Der gleichnamige Film bringt dem jungen Horst Bucholz Starruhm.

Die Jugend in Europa

So wie in Amerika die Motorcycle Boys ihren Stil pflegten, der nach innen und außen signalisiert, dass man anders ist als der Rest, bildeten sich um 1950 in Großbritannien, aber auch in anderen Ländern erste Subkulturen und Szenen heraus, deren spezieller Look ein essenzieller Bestandteil der Selbstwahrnehmung und Außenwahrnehmung war. Bis in die 1940er-Jahre existierte ein mehr oder weniger formaler Dresscode, der Arbeiter, Angestellte, einfache und höhere Beamte, Geschäftsleute und Banker oder Politiker voneinander unterschied. In proleta-

Teddyboys und -girls auf einem zerbombten Grundstück im Londoner East End, aufgenommen von Ken Russell 1955. Der erste Jugendstil der Nachkriegszeit

Bikers bzw. Rockers in
England, frühe 1960er-
Jahre

rischen und subproletarischen Milieus gab es die fei-
nen Unterschiede im Auftreten hinsichtlich der politischen Überzeugung und/oder einer ins Kriminelle ten-
dierenden Motivation. Gangster und Zuhälter hatten
ebenfalls ihre eigenen Dresscodes. Nun aber begannen Jugendliche, unabhängig von der sozialen und kulturellen Orientierung, ihren eigenen Dresscode um seiner selbst willen zu kreieren – und um innerhalb der
Jugendlichen eine soziale Differenzierung herzustellen:
die Rockers und Hipsters in den USA, die Teddyboys,
die Trads (Traditionalists) und Mods (Modernists) in
England, die Exis (Existentialisten) in Frankreich und
Deutschland. Sie bedienen sich, teilweise aus Geldnot,
aus dem abgelegten Fundus etablierter Gruppierungen
(wie die Teddy-Boys, die den Edwardian Style der Up-
perclass mit Wildlederschuhen kontrastieren), kombinieren die vestimentären Zeichen verschiedener Be-
rufsgruppen neu (wie die Rockers, die Elemente der
Fernfahrer-, Hafenarbeiter-, und Motorradpolizeiklei-
dung mischen), usurpieren modische Attribute von
Randgruppen (wie die Mods, die den italienischen Chic
der Homosexuellen und den Style der schwarzen Cool-
Jazz-Musiker übernahmen). Kleidung ist nie bloß Kleidung – jedes Kleidungsstück, jedes Accessoire sagt
etwas über den Träger aus und wird damit zu nonver-

Elvis Presley bei einem Konzert 1957. Nach seinem TV-Auftritt im Januar 1956 entwickelte sich Presley zu einer medialen Sensation – nie zuvor hatte ein Künstler einen solchen »Impact« auf sein Publikum gehabt.

Elvis Presley

Der in Tupelo im Staat Mississippi geborene Elvis Presley wird wie fast alle Südstaatler durch den Gospel geprägt, doch genauso durch den Rhythm and Blues seiner schwarzen Nachbarschaft, nachdem die Familie nach Memphis gezogen war. Die schier unbändige Freude am Auftreten und sein einzigartiges Gesangstalent machten den jungen Elvis zum idealen Prototyp eines neuen Stils, nach dem viele Producer und Impresarios suchten, von dem aber niemand genau wusste, wie er klingen sollte. Nachdem Presley 1954 im Studio von Sam Phillips für dessen Label Sun Records einige Songs in Begleitung von elektrischer Gitarre und Schlagbass aufgenommen hatte, gewann dieser neue Stil an Kontur. Elvis errang regionale Popularität bei Weißen und Schwarzen, wurde 1955 zu einer Südsaaten-Größe und Ende 1956 von der Plattenfirma RCA

Victor für damals unglaubliche 35.000 US$ unter Vertrag genommen. Seine Bühnenpräsenz übertrug sich perfekt in das brandneue Medium Fernsehshow, und es gelang ihm, im Fernsehen noch unbeschwerter zu erscheinen als auf der Konzertbühne. Der Aufruhr um seine Beckenbewegungen, die zu einer Zensur des Fernsehbildes führten, trug nur noch mehr zum Appeal des ersten Superstars des Pop bei.

Das Design der ersten LP von Elvis Presley 1956 beeinflusste Grafiker und Bands über Jahrzehnte hinweg – bekanntestes Beispiel dafür ist »London Calling« von The Clash (1980).

Elvis transportierte einerseits ein schwarzes Feeling in der Stimme und in seinen Bewegungen und kam andererseits als einfacher Junge aus der Provinz selbst bei den Skeptikern und Traditionalisten gut an – eine ideale Kombination. Die musikalische Mischung aus Blues, Hillbilly- und Bluegrass-Nummern, Gospel und Rhythm and Blues amalgamierte langsam zu dem Stil, der ab 1956 Rock 'n' Roll genannt wurde, obwohl die heute klassischen, boogiebetonten Rock-'n'-Roll-Stücke eher von anderen gesungen wurden. Konsequenterweise wurde Elvis Karriere durch seinen Manager Colonel Tom Parker neben Platte, Radio, Konzertauftritten und Fernsehen sofort in Richtung Kino ausgebaut. Die Vielfalt an Charakteren und Maskierungen, in denen Elvis auftrat und die für unendlich viel Bildmaterial sorgten, machte ihn für verschiedene Zielgruppen interessant, und den bestehenden Fans konnte regelmäßig eine neue Facette ihres Idols präsentiert werden.

Ein Pressefoto von Bo Diddley, das als Vorlage für das gleichnamige Gemälde von Peter Blake diente.

Bo Diddley

Der Unterschied zwischen der Unterhaltungsindustrie um 1950 und Pop lässt sich an einer Person wie Ellas McDaniel verdeutlichen. Der musikalisch talentierte und in von Baptisten geprägte Junge aus den Südstaaten kommt in Folge der Depression Ende der 1930er-Jahre nach Chicago. Von dem Blues-Gitarristen John Lee Hooker inspiriert, beginnt McDaniel, der ursprünglich Geige spielt, seine selbst gebaute elektrische Gitarre einzusetzen – in einer Band, die sich »The Hipsters« nennt. Er benennt sich kurz darauf nach einer Person aus seinem ersten Song: Bo Diddley. Dieses Auftreten, die Selbststilisierung, die großspurig-machistischen Gesten, die ungewöhnliche Form seiner Gitarre und vor allem der hypnotische Beat formen aus Bo Diddley ein Popgesamtpaket, eine schwarze Entsprechung zu Elvis Presley. Diddley lässt sich als Cowboy inszenieren, als Salonlöwe, als Frauenheld, der mit seinem Geld angibt und es sofort für nach außen sichtbaren Protz ausgibt. Seine karierten Jacketts und die Kastenbrille, seine James Brown vorwegnehmende Körpersprache mit exzessiver Beinarbeit bei gleichzeitig ruhigem Oberkörper, später dann die in hautengem Silberlamé erscheinenden Begleitgitarristinnen mit ihrer lasziv vorgetragenen Körpersprache machen Bo Diddley für ein ganzes Jahrzehnt zu einem Vorbild in puncto Image und Gesamtkunstwerk. Dieses »package« kann nur multimedial, ab 1956 vor allem im Fernsehen übertragen werden. Musik, Gesang, Gestik, Körpersprache, Look und Accessoires bündeln sich zu einem neuen, größeren Etwas: Pop. Der Gitarrenhersteller Gretsch baut Diddleys Kastengitarre ab 1958 in Serie. Britische Bands wie The Who und The Rolling Stones sind von ihm entscheidend inspiriert, der englische Künstler Peter Blake (Designer des Beatles-Albums »Sergeant Pepper's Lonely Hearts Club Band«) recycelt 1962 mit Farbe und Leinwand ein Diddley-Plattencover: Heldenverehrung im Popstyle.

baler Kommunikation, die der Orientierung, der Differenzierung und Identifikation dient. Diese Funktion von
Kleidung – und damit der Mode – haben die Teenager
der Nachkriegszeit erkannt und ins öffentliche Bewusstsein gehoben. Pop war von Anfang an eine Sache
des Styles, also der homogenen Ausformulierung von
Ritualen und der Kombinatorik von Objekten und Spra-
chen.

Rock around the clock

In den 1950er-Jahren bleibt Elvis das Maß aller Dinge.
Plattenfirmen suchen nach Me-too-Produkten, nach
anderen, neuen Elvis-Performern, mit denen sie ihr
Stück vom Teenager-Popkuchen abschneiden können.
Während 1956 noch Schockstarre herrscht und niemand weiß, was Presleys Erfolg und Rock 'n' Roll eigentlich bedeuten, arbeiten schon 1957 Heerscharen
von Scouts und Produzenten an der Nachfolge. In
Europa beginnt in jedem Land die Suche nach einem
nationalen Rock 'n' Roller, wiewohl weichgespült, aus
Casting-Wettbewerben hervorgegangen und meistens
mit Texten in der jeweiligen Landessprache versehen.
In England, das durch Bill Haley 1957 vom Rock 'n' Roll
infiziert wurde, versucht der Manager Larry Parnes,
seinem Vorbild Colonel Tom Parker nacheifernd, einen
»Stall voller Stars« aufzuziehen. Er castet junge Männer, ändert ihre Namen in Teenager-Versprechen und
schickt sie durch das Land, damit sie berühmt werden.
Cliff Richard, Marty Wilde und Tommy Steele sind die
Idole der britischen Teenager zwischen 1957 und 1960.
   In Deutschland werden Peter Kraus und Ted Herold
zu Popstars; Kraus als der telegene und in vielen Filmen spielende schwiegermuttertaugliche Junge von
nebenan, Herold weniger erfolgreich, aber etwas rocki-
ger und damit authentischer als Kraus. Gegen Ende
des Jahrzehnts haben auch Frankreich und Italien ihren
»Elvis«: Johnny Hallyday (ab 1958) bzw. Adriano Celentano (ab 1959) vertreten den Rock 'n' Roll in Landes-

sprache. Hallyday verkörpert und formt in Frankreich das Image des rebellischen Jugendlichen, was ihm mehr Authentizität einbringt als vielen seiner Kollegen; er gilt bis in die 1960er-Jahre hinein als unbeugsamer Rocker. Celentano transformiert sein frühes Image in den 1960er-Jahren in einen Singer/Songwriter mit Gewissen und Humor.

Bill Haley bei einem Konzert in Deutschland. Die Tournee wurde durch Saalschlachten und Zerstörung von Mobiliar medial aufgeheizt.

Der Megahit des Rock 'n' Roll

Bill Haleys »Rock around the clock« wird der erste Mega-Hit des Rock 'n' Roll. Haley hatte über zehn Jahre lang Country- und Cowboy-Songs gesungen, bis ein neuer Manager und Produzent mit ihm 1953 das berühmte »Rock around the clock« einspielte. Die Platte war kein Erfolg, bis der Song 1954 zum Soundtrack eines Films über Jugendkriminalität (»The Blackboard Jungle / Saat der Gewalt«) avancierte. Daraufhin kletterte die Platte auf Platz 1 in den USA, Großbritannien und vielen Ländern Europas. Anders als Presley ging Haley sofort auf Tour, um den Erfolg auszubauen. Als erster »echter« amerikanischer Rock 'n' Roller wurde er mit der Ekstase und Unzufriedenheit der europäischen Jugendlichen konfrontiert, die seine Konzerte zu Hexenkesseln machten. Viele Medienberichte über zertrümmerte Konzerthallen resultierten allerdings aus einem unverhältnismäßigen Eingreifen der Polizei, welches von den Jugendlichen mit Massenschlägereien und Zerstörung quittiert wurde. Da es Bill Haley an Elvis' Charisma und Körperlichkeit fehlte, blieb es beim kurzen, aber enormen Erfolg der Jahre 1957/58. Die Platte verkaufte sich insgesamt 25 Millionen Mal.

Vom College auf die Bühne – die Art Schools

Pop als Begriff und Phänomen ist von Briten analysiert und beschrieben worden; es war wohl die externe Sicht der Dinge, die es zuerst den Europäern möglich

machte, das amerikanische System zu reflektieren.
Wie weiter oben beschrieben, waren in Europa bereits
in den 1920er-Jahren innerhalb der künstlerischen
Avantgardegruppierungen Arbeiten entstanden, die
dem ähnelten, was in den 1950er-Jahren aus New York
und London kam. Aber was Pablo Picasso, Georges
Braque, Marcel Duchamp und Kurt Schwitters in Europa, Stuart Davis und Gerald
Murphy in den USA vorlegten,
war ein veränderter Umgang
mit den künstlerischen Mitteln
durch Einbeziehung von All-
tagsgegenständen in das Bild
oder das Objekt; Duchamp
machte das ausgewählte Ding-
Objekt zum Kunstobjekt, zum
Readymade. Das war ein Vorläufer der Pop-Art, aber nicht
des Pop, denn dazu waren alle
Beteiligten erstens zu alt, zweitens zu sehr der bürgerlichen
Ästhetik verpflichtet (selbst in ihrer Ablehnung und

Gerald Murphy, Razor,
1924

Umkehr) und drittens zu wenig mit dem Prozess der
Reproduzierbarkeit vertraut – Kunst hatte etwas Selte-
nes zu bleiben.

Im Zuge der Industrialisierung wurde 1847 in Großbritannien die erste sogenannte Art School gegründet,
die »School of Design« in London. In ihr wurden Mu-
sterzeichner, Entwerfer, Grafiker und Modelleure
ausgebildet; heute würde man diese Berufe allesamt
Designer nennen (mit einem bestimmten Präfix ausge-
stattet). Die britischen Art Schools kombinierten
früher als andere kontinentaleuropäische Institutionen
angewandte und freie Kunst – der Übergang war
fließend, so wie es Alloway für den Pop konstatiert hatte: ein »fine art – pop art continuum«. Die Art School
war nicht nur ein in ästhetischer Hinsicht egalisieren-
des Instrument, sie war es auch in sozialer Hinsicht.

Unter- und Mittelschicht-Jugendliche wurden ästhetisch und technisch ausgebildet; sie lernten das Handwerkszeug für das, was man später »Style«, »Image« und »Attitude« nennen sollte: die Regeln des Pop. Besonders in den 1950er-Jahren wurden die Art Schools zum Sammelbecken für eine kritische Masse von Jugendlichen, die mit traditionell bürgerlichen Berufen nichts anfangen konnten oder dazu keine Zugangsberechtigung hatten – das Interesse für Musik, amerikanische populäre Kultur und der Drang, durch Selbstperformance seinem Leben eine neue Richtung zu geben, machten sie zu den Herolden des Pop. John Lennon, Mick Jagger, Pete Townshend, Bryan Ferry – in nahezu jeder britischen Band der 1960er-Jahre findet sich ein ehemaliger art student. Die Formel »… wir haben uns auf der Art School kennengelernt …« als Antwort auf die Interview-Frage, wo die Mitglieder einer

Painter Man – die Reflektion der ästhetischen Seite des Pop
1966 schrieb die englische Band The Creation einen Song, der sich mit der Tradition der Kunst und der Ausbildung zum visuellen Arbeiter beschäftigte. In ironischer Weise wird darin der nahezu unausweichliche Weg vom Künstler zum Werbegrafiker beschrieben und die Theorie der Independent Group bestätigt:

Went to college studied art
to be an artist make a start.
Studied hard getting my degree
but no-one seemed to notice me.

Painter man, painter man,
who wanna be a painter man?

Tried cartoon and comic books
dirty postcards full of looks.
Here is where the money lay
classic artist had its day.

Did adverts for T.V.
Household soap and vanity.
Labour's all around tin pan
who would be a painter man?

Band zusammengekommen seien, war stereotyp bis in die 1980er-Jahre. Bei besonders stilbewussten Formationen wie Roxy Music, aber auch vielen Wave-Bands der 1980er-Jahre war der Art-School-Hintergrund nahezu zwingend.

Das Prinzip ist in modernisierter, man kann auch sagen hocheffizienter Form mit der 1990 gegründeten Londoner »Brit School« weitergeführt worden, die Jugendlichen neben einem regulären Schul- und Hochschulabschluss wichtige Fertigkeiten für das Popbusiness vermittelt: Gesang, Instrument, Tanz, Performance, Drama, Design, Fashion.

Pop-Art – ein Missverständnis

Die Richtung der zeitgenössischen Kunst, die seit etwa 1962 Pop-Art genannt wird, repräsentiert die reflektierte Seite, die Meta-Ebene des Pop. Denn mit Ausnahme von Andy Warhol, der Pop nicht nur in bildnerische Zeichen übersetzte und mit diesen spielte, sondern Pop lebte, selbst Pop war (analog zu den Popstars, die er verehrte), blieben die anderen pop artists,

Schaufensterdekoration von Andy Warhol für das Kaufhaus Bonwitt Teller in New York, April 1961: Im Hintergrund sind Warhols erste malerische Versuche zu typisch amerikanischen Themen zu erkennen: Superhelden, Schönheitsoperationen, Werbung.

Jasper Johns, »Two Flags«, 1957

die mit diesem Etikett belegt wurden und zeit ihres Lebens vor allem »Künstler« im traditionellen Sinn waren, auch wenn ihre Sujets und Produktionsmethoden sich etwas modernisiert hatten.

Wie bei jeder künstlerischen Richtung dauerte es auch bei der Pop-Art eine Weile, bis Galeristen und Kritiker jenseits einzelner Stilistiken so etwas wie einen übergreifenden Stil ausmachen und mit einem Etikett belegen konnten. Denn was an der amerikanischen Westküste geschah, nahm man in New York erst wahr, nachdem sich dort der Begriff Pop-Art etabliert hatte; ähnliche Tendenzen in Europa wurden zu Beginn der 1960er-Jahre ebenfalls als »Pop« klassifiziert, auch wenn sie nur formal etwas damit zu tun hatten.

Andy Warhol arbeitete Mitte der 1950er-Jahre als Illustrator und Grafiker (in den USA »art director« genannt) für New Yorker Kaufhäuser und Plattenfirmen. Sein Traum war, nicht länger art director zu bleiben, sondern artist zu werden, ein »richtiger« Künstler. Seine Vorbilder waren Jasper Johns und Robert Rauschenberg, zwei New Yorker Künstler, die ihre bis dahin brotlose Kunst mit Jobs als Schauwerbegestalter finanzierten. Die vorherrschende Richtung der zeitgenössischen Kunst war immer noch der Abstrakte Expressionismus; Künstler wie Jackson Pollock oder Mark Rothko gaben im Kunst-Establishment den Ton an. Die ersten Arbeiten von Johns waren die American Flags, konzentrisch versetzte Abbilder des »Star Spangled Banner«: Flächenmalerei, die sich über gra-

fisch geordnete Objekte der Objektmalerei annäherte,
Rauschenberg fertigte Collagen und Objekte aus All-
tagsgegenständen und Zeitungsausschnitten. Beide
Künstler repräsentierten für Warhol den Inbegriff eines
neuen Künstlerethos, das sich nicht mehr mit theoreti-
schen oder subjektiven Fragen beschäftigt, sondern
die Dinge der uns umgebenden Alltagswelt aufnimmt
und abbildet. Alltagswelt bedeutete vor allem Warenwelt: Konsum, Produkte, Verheißungen, Versprechun-
gen. Der junge New Yorker
Galerist Leo Castelli war auf
der Suche nach einer neuen
Nische, einem Trend und gab
Johns und Rauschenberg im
Januar und März 1958 die
Chance auszustellen. Daraufhin beschloss Andy Warhol,
es ebenfalls als Künstler zu
versuchen. Er begann mit Co-
micfiguren, aber nachdem
ihm Castelli gesagt hatte,
dass es andere Künstler wie
Roy Lichtenstein gebe, die
das besser machten, musste
sich Warhol etwas anderes
einfallen lassen. Er kam dar-

Andy Warhol, »Marilyn«,
1963

auf, Produkte nicht abzumalen, sondern mehrmals zu
reproduzieren, erst mit Schablonen, dann mit der Technik des Siebdrucks. Warum eine Cola-Flasche malen,
wenn man fünfzig neben- und übereinander abbilden
kann? Eine Suppendose allein macht noch kein Aufsehen, aber zwanzig in Reihe sind eine Aussage. Die
Serialität der Repräsentation, die den Charakter der
Industrialisierung und Massenproduktion zu reflektieren schien, traf den Nerv der Zeit: Die Pop-Art war geboren.

Wenn weiter oben davon die Rede war, dass die
Pop-Art ein Missverständnis war, so deshalb, weil Pop-

Art nicht zwangsläufig Pop bzw. Popkultur ist: Sie ist vor allem Kunst für das Establishment und eine Elite von gut gebildeten, gut verdienenden Erwachsenen. Pop war um 1958 ein Lebensstil von teilweise schlecht ausgebildeten, mehrheitlich schlecht verdienenden Jugendlichen, deren soziale und kulturelle Defizite in der Popmusik und dem damit verbundenen Lebensstil kompensiert wurden. Pop-Art in der Galerie und in den Feuilletons war nichts anderes als die Nachfolgeerscheinung des Abstrakten Expressionismus, bis Anfang der 1960er-Jahre Warhol seine Ausstellungen zu Partys und Happenings umfunktionierte und mit der »Factory« das konventionelle Künstleratelier durch eine Mischung aus Werkstatt, Experimentallabor, Filmstudio, Wohngemeinschaft und Diskothek ersetzte. Die meisten seiner Kollegen waren ein Leben lang darauf bedacht, als Künstler und nicht als Popstar wahrgenommen zu werden, nur Warhol arbeitete konsequent an seiner Vision einer Popexistenz.

Die wirklichen pop artists waren daher vor allem in den Reihen der Gebrauchsgrafiker zu finden, die bei den Kreativteams der Werbeagenturen, die seit Mitte der 1950er-Jahre eine neue Art der Produktkommunikation entwickelt hatten, Platten- und Zeitschriftencover gestalteten.

Die Creative revolution der Madison Avenue

Die Inszenierung von Produkten und Dienstleistungen war in den 1930er-Jahren zu einem unverzichtbaren Teil der medialen Kommunikation avanciert. Tageszeitungen, Magazine, Plakatwände, Radio und Kino waren ohne Werbung nicht mehr vorstellbar. Der unvergleichliche Wohlstand Amerikas schien eine Folge des sich selbst beschleunigenden Prozesses von Produktivität, Erfindungsreichtum, Einkommen und Konsum zu sein, diese Prosperität ging einher mit dem Aufstieg der Werbeagenturen, die zum Zentrum des amerikanischen Traums wurden, da sie ihn inszenierten.

Ungefähr zeitgleich mit der Erfindung des Starsystems in Hollywood war Ende der 1920er-Jahre das Konzept der Marke entwickelt worden. Produkte wurden von nun an anders beworben, der Produkt- oder Markenname regelrecht inszeniert, das Produkt als Heilsbringer angepriesen. Damit begann der Mythos vieler amerikanischer Produkte, die von der Popkultur zu Ikonen des amerikanischen Traums stilisiert wurden: Coca Cola, Lucky Strike, Cadillac. Damit lieferte die Werbung, ohne es zu wissen oder sich darüber im Klaren zu sein, ihren Teil zur populären Kultur. »Heute sammeln wir Werbeanzeigen«, hatte Allison Smithson formuliert. Der überwiegende Teil der Werbung funktionierte ganz simpel nach dem Prinzip des Mehr, des Besser, des Kauf mich! Erst nachdem die Konsumgüterindustrie in den 1940er-Jahren ein Absatzproblem bekam, begann sich auch die Werbung zu ändern. Sie wurde ästhetisch, intelligent und selbstreflexiv. Die Anzeigen für Automobile, für Erfrischungsgetränke und Alkoholika spielten unverhohlen mit dem Gegenteil dessen, was puritanische Werte waren: Angepriesen wurden der Konsum, das Glück des Verschwendens, das körperliche Begehren und die Selbststilisierung durch käufliche Attribute. In den Verkaufsversprechen und den visualisierten Träumen war die Werbung dem Ethos des Pop ganz ähnlich, der auf sofortiger Trieberfüllung bestand, auf Genuss und Verschwendung.

Mit der Werbebranche geschah in der Mitte der 1950er-Jahre etwas Merkwürdiges: Einige Kreative

shop at Ohrbach's MENS SHOP

34TH STREET OPPOSITE EMPIRE STATE BUILDING · OPEN MONDAYS AND THURSDAY NIGHT

Wirkt bis in die TV-Serien der Jetztzeit: Die Kreativen der Madison Avenue, die Mad Men, krempelten die Werbung in den späten 1950er-Jahren um. Hier ein Beispiel der Agentur DDB aus dem Jahr 1961.

dachten über ihren Beruf und die Branche nach mit dem Ergebnis, dass sie zu einem völlig neuen Konzept der Produktkommunikation kamen. Bis in die späten 1950er-Jahre war Werbung vor allem sogenanntes »Hard selling« gewesen, das heißt die permanente, gnadenlose Bombardierung des Lesers/Hörers/Zuschauers mit Produktversprechen und der Aufforderung zum Kauf. Die Anzeigengestaltung war bis auf wenige Ausnahmen eher anspruchslos, in den Agenturen waren die Kundenberater die wichtigen Leute, nicht etwa die Texter oder die Artdirectors. Kreativität hatte keinen Stellenwert. Das änderte sich langsam in den Fünfzigerjahren, als einige Kreative ihre eigene Agentur gründeten, um Werbung in einem anderen Stil zu machen: intelligent, soft selling, reflexiv. Sie erkannten die Wirkung von hintergründigem Humor, leiser Ironie, subtiler Fotografie und einer Sprache, die den Konsumenten ernst nahm, sich selber dafür ein bisschen weniger ernst. Mit diesem neuen Ansatz schufen Agenturen wie Doyle Dane Bernbach, Ogilvy & Mather und Leo Burnett den modernen Typus der Werbung, wie wir sie bis heute kennen. Was bis 1960 vor allem für Europäer am American Way of Life so faszinierend war, wurde durch die »alte« Art der Werbung transportiert: große Autos, große Kühlschränke, gesunde Zigaretten und kalte Getränke. Der »neue« Stil wurde durch eine andere Grafik, eine andere Typografie, vor allem aber eine andere Ansprache an den Konsumenten repräsentiert, die aus Reklame moderne Kommunikation machte. Die Werber selbst begannen, sich als Teil der Popkultur zu begreifen.

Das Fernsehen übernimmt
Das Fernsehen war in den USA 1949 einsatzbereit, aber niemand wusste genau, was man damit machen, vor allem, wie man damit Geld verdienen sollte. Der Staat hielt sich aus der Entwicklung heraus. Das technische Prinzip der Fernsehaufzeichnung und -übertra-

gung war eigentlich schon Ende der 1930er-Jahre in Deutschland, Frankreich, England und den USA von einigen Wissenschaftlern unabhängig voneinander gelöst worden. Dass sich das Fernsehen nicht schneller entwickelte, lag daran, dass sich niemand eine private Verwendung vorstellen konnte. Die ersten Fernsehübertragungen waren öffentlich gewesen, und genauso stellte man sich den weiteren Werdegang des neuen Mediums vor: öffentliche Übertragungen, ein bisschen wie Kino, aber von den Inhalten her anders strukturiert. Die öffentlichen Vorführungen waren einerseits eindrucksvoll (teilweise mit Liveschaltungen), wurden aber für jedermann ersichtlich dadurch limitiert, dass die Fernsehapparate bzw. ihre Bildschirme viel zu klein und mit dem Kinobild nicht zu vergleichen waren. Dass die Größe der Bildschirme ideal für den privaten Gebrauch sein könnte, blieb ein vergessener Aspekt der neuen Technik. Dann trat in den 1940er-Jahren das Phänomen auf, dass es zwar Fernsehgeräte zu kaufen, aber praktisch kein Programm zu empfangen gab. Die Radiostationen, die mit dem Fernsehen experimentierten, brauchten eine Weile, um zu erkennen, mit welchen neu zu entwickelnden und bereits aus Theater und Varieté bekannten Formaten eine Programmstruktur erstellt und gleichzeitig mit Werbung Geld verdient werden konnte.

Herrscher über die Fernbedienung: Ein Traum der Menschheit wird wahr. Anzeige, 1958

1945 gab es weniger als 10.000 Fernsehgeräte in amerikanischen Wohnzimmern. Das lag weniger an der fehlenden Kaufkraft, sondern eher an einer fehlenden TV-Infrastruktur. Wie zuvor beim Radio stand man der neuen Technik vonseiten der Industrie wie vonsei-

NEW
MIRACLE WAY
TO TUNE TV
FROM YOUR EASY CHAIR
BY "SILENT SOUND"

Nothing between you and the set but space...

You just push a button to...

• turn TV on and off
• change channels (left or right)
• shut off the sound of long, annoying commercials while the picture remains on the screen

ten der Verbraucher ein wenig ratlos gegenüber, was ihren Nutzwert anging. 1941 hatte der Uhrenhersteller Bulova auf NBC den ersten TV-Spot der Geschichte ausgestrahlt – zum Preis von neun Dollar pro Sendung. 1948 sind es dann schon 933 Werbekunden, die im US-TV Sendezeit buchen. Im Unterschied zum öffentlich-rechtlichen Finanzierungssystem vieler europäischer Staaten ist das amerikanische Fernsehen von Beginn an vollkommen kommerzialisiert. Die drei größten Shows, die ab 1948 on air gehen, werden vom Autohersteller Ford, vom Reifenhersteller Goodrich und vom Ölkonzern Texaco gesponsert. Ebenfalls 1948 startet die Werbesendung »Westinghouse Studio 1«, in der die Schauspielerin Betty Furness ein Jahrzehnt lang die Pausen zwischen den dramatischen Fernsehspielsequenzen mit Werbung für Westinghouse-Elektrogeräte – unter anderem Fernsehapparate – überbrückt.

Wenige Jahre später hatte sich die Situation komplett gewandelt. Ab 1951 erobert das Fernsehen die amerikanischen Haushalte. Bei Elvis TV-Auftritt in der »Ed Sullivan Show« 1956 sitzen bereits 60 Millionen Zuschauer vor den Schirmen.

Ähnlich wie die Musikindustrie war auch die TV-Branche ständig auf der Suche nach neuen Performern und Stilen. Das trug zum Erfolg des Rock 'n' Roll bzw. des Pop ganz erheblich bei, denn ohne die mediale Vervielfältigung wäre Pop ein metropolitanes Ereignis geblieben – so breitete sich ein Lebensgefühl über eine ganze Nation aus. Elvis Presleys Bedeutung, sein Star-Appeal, ist ganz entscheidend vom Fernsehen geprägt. Seine Performances in der »Stage Show«, der »Milton Berle Show« und bei Ed Sullivan machten ihn zum polarisierenden Star, zum Idol der Jugend und zum Feindbild der Konservativen. Die Mischung von schwarzem Rhythm and Blues und einem weißen Sänger, der sich einerseits vollkommen kontrolliert, andererseits ekstatisch ganz selbstverständlich auf der

Bühne bewegte, brachte die Teenager aus dem Häuschen und das Establishment auf die Palme.

Pop in Bewegung: Dragster und Hot Rods

Jede gesellschaftliche Gruppe entwickelt Codes, mit denen sie ihre eigene Zusammengehörigkeit unterstreicht, also ihre Identität als Gruppe, und zugleich ihre Differenz zur Mehrheit der Gesellschaft visualisiert. Zu diesen Codes gehören Kleidungsregeln, Sprache, Rituale, Verhaltensweisen (Habitus), Konsumverhalten in puncto Musik, Literatur, Drogen etc. Im Land der unbegrenzten Möglichkeiten gehörte von Anfang an auch das Auto dazu.

In den 1940er-Jahren hatte in Kalifornien das sogenannte »Hot Rodding« begonnen, das fantasievolle Umgestalten älterer Autos. Dazu gehörte neben den Karosseriearbeiten vor allem das Tunen der mechanischen Komponenten, u. a., um den Wagen für kurze Beschleunigungsrennen, die »Drag Racings«, herzurichten. Parallel zum Hot Rodding und Drag Racing entwickelte sich in den USA das Cruisen zu einem Habitus, der oft mit einem aufgemotzten Auto einherging.

Hot Rod Magazin aus dem Jahr 1948

Bevor die Automobilindustrie auf standardisierte Serienfertigung umgestellt hatte, gab es in den 1920er Jahren in den amerikanischen Ballungszentren eine Reihe von Customizern, Karosseriebauern, die Autos speziell auf die Wünsche der Kundschaft abstimmten und veränderten. Als die großen US-Hersteller in den 1930er-Jahren ihre Styling-

abteilungen eingerichtet hatten, blieb die Automobilindustrie gegenüber den Stylingvorstellungen der Hot
Rodder offen und nahm viele Trends auf.

Das Hot Rodding hatte verschiedene Ursachen: Die
verwendeten Autos stammten aus den 1930er-Jahren,
waren billig zu bekommen, einfach zu frisieren und er-

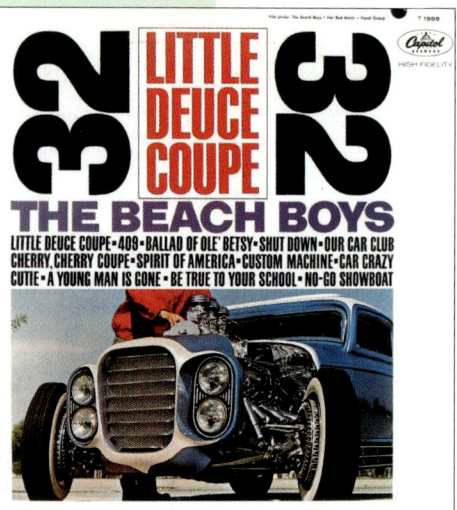

füllten nach dem Umbau eine
ähnliche Symbolfunktion wie
die Motorräder der Motorcycle Boys – sie standen für
Unangepasstheit. Durch die
in den 1950er-Jahren auf-
kommende kalifornische
Surfszene bekam das Hot
Rodding nochmals Auftrieb;
so sehr, dass sich die Designer aus Detroit dafür interessierten und die Trends der
Jugendkultur in ihr Styling zu
integrieren versuchten. Das
Automobil war in Amerika
immer schon das Mittel für
soziale Differenzierung; in ei-

Beach-Boys-LP von
1963 mit einem Hot
Rod auf Ford-Basis,
dem »Deuce Coupe«.
Capitol Records/EMI

ner sich zunehmend differenzierenden Gesellschaft
wird es zu Beginn der 1950er-Jahre Aushängeschild für
die neuen Milieus und Gruppierungen wie Beatniks,
Surfer, Rodder oder Hipster. Das Automobil wird zum
Pop-Item und zum Symbol für das jugendliche Amerika
der 1950er-Jahre – das ist bis heute als nostalgisches
Relikt so geblieben. Die Stylingabteilungen in Detroit
nahmen die Befindlichkeiten ihrer potenziellen Käufer
ernst und verpackten alle kollektiven Mythen und Projektionen der Zeit in die Karosserien: Weltraumträume,
Jet-Age-Aggression, erotische Anspielungen, den Auto-
matisierungsdrang der Zeit und die Autonomiebestre-
bungen der Jugendlichen. Wem das noch nicht reichte,
konnte sich mit Hot Rods, Dragstern, »gechopten« Cu-
stomize Cars und Buggies noch weiter abheben.

Das Plattencover entsteht

Pop ist ein Multimediaprojekt; seine Kraft liegt in der fast zwangsläufigen Kombination verschiedener Medien, die sich ergänzen und potenzieren. Diese Potenzierung war etwas Neues, das es vor Pop nicht gegeben hatte. Schallplatten wurden bis in die 1950er-Jahre in blanko jackets verkauft, die nur das Logo der Plattenfirma, manchmal auch den Stempel des Musikgeschäfts trugen, in dem die Platte zu erwerben war. Titel, Interpret, Komponist etc. standen nur auf dem Plattenlabel, das in der Mitte der Schallplatte aufgeklebt war. Ende der 1940er-Jahre wurden in den USA zwei Schallplattenformate entwickelt, die zunächst als Konkurrenzprodukte den Markt erobern sollten: die 30-cm-Langspielplatte aus PVC mit einer Abspielgeschwindigkeit von 33 $^1/_3$

Alex Steinweiss in seinem Atelier

U/min (von Columbia Records) und die nur 18 cm messende Schallplatte mit 45 U/min Abspielgeschwindigkeit (von RCA Victor). Längere Musikstücke wurden in max. fünf Minuten lange Sätze aufgeteilt, auf mehrere kleine Schallplatten gepresst und in einem Set als »Album« verkauft. Beide Produkte waren nicht als Ergänzung zueinander, sondern als jeweils den Markt beherrschende Formate entwickelt und vermarktet worden.

1939 hatte CBS die American Grammophone Company aufgekauft und in Columbia Records umbenannt. Man suchte nach einem Artdirector für die Broschüren und das Werbematerial der Firma und stellte den jungen Grafiker Alex Steinweiss ein. Er kam auf die Idee, die bis dahin unbedruckten Hüllen mit Motiven zu versehen. Trotz vieler Bedenken seitens der Manager ließ man Steinweiss einige Motive umsetzen, darunter auch eine Aufnahme von Ludwig van Beethovens »Eroica«. Die Verkaufszahlen dieser Schallplatte vervielfachten sich um den Faktor 9. Das überzeugte CBS: Das Plattencover war geboren.

Steinweiss versah die Plattencover nicht nur mit Typografie und Illustrationen, sondern kreierte eine neue Form des Grafikdesigns im 20. Jahrhundert. Statt Fotos und Abbildungen der Komponisten oder ausführenden Künstler zu verwenden, gestaltete er Stimmungsbilder, die den Charakter der Musik repräsentierten und dem Käufer damit die Entscheidung erleichterten. Das Prinzip der »album cover art«, die Stilistik der grafischen Repräsentation der Musik oder dem Interpreten anzupassen, hat hier ihren Ursprung. Allerdings dauerte es bis weit in die 1950er-Jahre, bis jede Neuerscheinung, ob Single oder LP, mit einem eigenen Coverentwurf versehen wurde. Singles wurden teilweise bis in die 1970er-Jahre hinein nur mit Blindcovern verkauft.

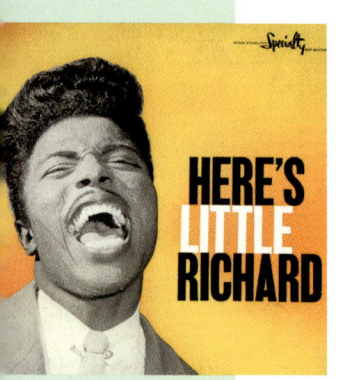

Einfach, klar, auf den Punkt kommend: »Here's Little Richard« von 1957

Als die Plattenfirmen das Potenzial des Rock 'n' Roll und der Popmusik erkannten, investierten sie (teilweise nur widerwillig) in die Gestaltung der Cover, zumindest in die Vorderseite. Endlich konnten die Fans ein großes Foto ihres Idols in Händen halten oder an die Wand des Jugendzimmers pinnen. Die Stilistik der frühen Jahre ist dabei noch stark vom Hollywood-Kino geprägt – Glamourfotos auf der einen, Zeichentrick-Inszenierungen auf der anderen Seite. Man merkt vielen Covern aus den 1950er-Jahren an, dass sie von »Establishment-Grafikern« layoutet wurden, die sich an die visuelle Entsprechung des Lebensstils Pop erst herantasten mussten.

Sehr viel souveräner, wenn auch in gewissem Maß »akademischer«, war die Gestaltung vieler Jazzcover, in denen der Einfluss europäischer Strömungen sichtbar wurde – in den berühmten Covern von Reid Miles für das Blue-Note-Label aus den späten 1950er-Jahren spricht ein internationaler Stil, ein Modernismus, der erst in zweiter Linie zu Pop wird – als Retrospektive.

Sound and vision, 1: das Panoram

Nachdem sich der Tonfilm etabliert hatte, wurden die technischen Verfahren für Bild- und Tonaufzeichnung ständig weiterentwickelt. Neben dem 35-mm-Kinoformat wurde vor allem das 16-mm-Dokumentarformat optimiert, weil es sich für Verwertungen jenseits der Kinosäle eignete, z. B. für Projektionen zu Hause oder in kleineren Räumen. Die Musicalfilme enthielten oft Hits, für die man separate Abspielmöglichkeiten suchte, gleichzeitig produzierten verschiedene Plattenfirmen Promotionfilme, die den aktuellen Hit des Labels oder einen beliebten Interpreten zeigten. Diese Filme wurden »Soundies« genannt und zwischen 1940 und 1947 massenhaft produziert. Als Abspielstation hatte man das »Panoram« erfunden. Panorams funktionierten wie Jukeboxes, man warf eine Münze hinein, wählte ein Musikstück und sah es sich auf der Mattscheibe an. Panorams standen in Restaurants, Bars und Cafeterias. Man schätzt, dass etwa 1.800 Soundies in diesen sieben Jahren produziert wurden, darunter von Doris Day, Merle Haggard, Liberace, Jimmy Dorsey, Louis Armstrong, Nat King Cole, Fats Waller. Soundies bildeten das komplette Musikspektrum der Zeit ab, von Hillbilly und Folklore über Swing, New-Orleans-Jazz bis zu patriotischen Balladen. Mit dem Aufkommen des Fernsehens verschwanden die Soundies und ihre Abspielstationen. Erst zehn Jahre nach dem Ende der Panorams kam eine neue Technik zum Einsatz, die dem Pop besser entsprach: das Scopitone.

Ein Panoram, in dem ein Soundie abgespielt wird, 1940er-Jahre

Aus Rock 'n' Roll wird Pop

Der Rock 'n' Roll hatte die Popkultur neu definiert: als eine Kultur für junge Menschen, die gegen das puritanische Ethos und gleichzeitig gegen die Nichtbeteiligung an legitimierten Establishment-Ritualen protestierten – eine diffuse, zunächst unpolitische Haltung, die eher mit dem Ausschluss von gesellschaftlicher Teilhabe begründet war. Gleichzeitig hatten neue Musik- und Ausdrucksformen Einzug in den Alltag gehalten, die nicht aus der weißen Mehrheitskultur stammten, sondern aus den ländlichen Communities der Schwarzen im Süden der USA und den urbanen Schwarzen-Ghettos im industriellen Norden und Osten. »Jugend« war als ein neuer Lebensabschnitt definiert, der für die Elterngeneration vor allem mit Gefahren einherging: Gewalt, abweichendes Verhalten, Sexualität, Drogen. Dieser Kanon an Verhaltensweisen stellte gleichzeitig die narrativen Muster für den Pop bereit: unerfüllte Liebe, unverstandene Jugendliche, erste Erfahrungen mit Illegalität und dem Körper.

Pop war von Anfang an ein medienüberschreitendes und konvergierendes Phänomen gewesen: Zur Musik gehörten das Bild und der Text, das Verhalten, die Bewegungen und die Accessoires. Bestehende Medien wurden um Popinhalte erweitert (Kino, TV), neue Medien entstanden (LP-Cover, Magazine). Nicht nur in den USA stellten die Teenager eine riesige Konsumentengruppe dar, deren Kaufkraft es abzuschöpfen galt; 1960 schätzte man das verfügbare Taschengeld amerikanischer Teenager auf etwa zehn Milliarden Dollar im Jahr. Der Kapitalismus hat keine Moral, wo Nachfrage ist, wird ein Markt entstehen. Auch wenn es vielen Konservativen in den USA und Europa nicht passte, war Pop zu einem riesigen Geschäft geworden; als guter Kapitalist konnte man aber ein gutes Geschäft nicht ablehnen. Letztlich verdankt sich die Akzeptanz des Pop diesem wirtschaftlichen Denken. Zur Akzeptanz und Ausbreitung des neuen Denkens und Fühlens trug jedoch auch die demografische Entwicklung bei: Wer als Teenager beim Rock 'n' Roll Blut geleckt hatte, wollte als junger Erwachsener weiterhin Teil der jungen Popwelt sein, die immer noch ein beträchtliches Maß Subversivität und Lebensfreude im Unterschied zum bürgerlichen Mief der 1960er-Jahre hatte. Warum konnte oder sollte man nicht das beschwingte Gefühl, das einen durch die Jugend getragen hatte, ins Erwachsensein hinübernehmen? Popkultur musste sich quasi ausbreiten und Stück für Stück die vorhandene Ordnung okkupieren.

Freedom of choice

Die erste Phase des Pop bis 1955 ist gekennzeichnet vom Aufbau der großen popkulturellen Mythen, die fast ausnahmslos aus Amerika kommen: zum einen von Filmstars und Sexgöttinnen (wie Marilyn Monroe oder Ava Gardner) oder männlichen Ikonen (wie Marlon Brando, James Dean, aber auch Humphrey Bogart), zum anderen von einer Erzähltradition, die sich im Kino, im Comic und in der Pulp-Fiction ähnlicher Muster und Strukturen bedient, vor allem aber auf die Triebstruktur des Lesers und des Zuschauers Bezug nimmt. Der zweite große Komplex ist die amerikanische Wa-

Jeder kann sich alles leisten, und die Auswahl ist das Kriterium für Freiheit: Die Ideologie des (amerikanischen) Kapitalismus.

renwelt mitsamt ihrer Inszenierung in der Werbung, die den Impuls des sofortigen Konsums, der sofortigen Trieberfüllung bedient und damit dem puritanischen Arbeits- und Lebensethos der amerikanischen Gesellschaft diametral entgegensteht. Umsatz und geschäftlicher Erfolg sind im Puritanismus jedoch erstrebenswerte Ziele, also müssen eines Tages Moral und Geschäft miteinander kollidieren oder sie gehen eine scheinheilige Allianz ein. Diese Allianz ist der Treibsatz für die popkulturelle Aggression gegen das Establishment und für die Forderung nach Freigabe von und Teilhabe an tabuisierten Bereichen wie Drogen und Sex. Die erste Phase des Pop ist in den USA wie in Europa ein relativ homogenes Gefühl einer durch und durch amerikanisierten Welt, die in den Nachkriegsgesellschaften Europas materiell als erstrebenswert gilt. Beiderseits des Atlantiks herrscht der Glaube, materielles Wachstum und Prosperität wären das unpolitische Allheilmittel für freie Gesellschaften, in denen sich dank Konsumversprechen und Konsumteilhabe kein Widerspruch mehr regt. Doch schon innerhalb der Gesellschaften regt sich der Widerspruch einer jungen Generation, denen diese Teilhabe versagt wird, die aber gleichzeitig an anderen als den angebotenen Dingen teilhaben möchte. Dieses Begehren wird gleichzeitig befeuert, wie es umgekehrt ökonomisch ausgenutzt und von bestimmten Institutionen der Gesellschaft als illegitim gebrandmarkt wird. Schon gegen Ende der 1950er-Jahre zeigt sich ein für den Pop geradezu fundamentaler Bezug zwischen einschränkenden gesellschaftlichen Institutionen und ökonomischen Kräften, die am Konsumversprechen des Vorenthaltenen verdienen. Diese Kräfte sind Menschen, die eine Zeitenwende erkennen, darin eine Chance für ökonomischen Erfolg und sozialen Aufstieg sehen und damit oft gleichzeitig die Aussicht auf eine neue, der modernen Zeit angemessene Persönlichkeitsbildung verbinden. Viele Manager, Produzenten und auch Popkünstler gehören gesellschaftlichen Randgruppen an, weil sie schwarz oder homosexuell sind. Pop gibt ihnen die Möglichkeit, das soziale und kulturelle Ghetto zu verlassen, auch wenn um 1960 die Zeiten der Anerkennung und Gleichberechtigung noch lange nicht angebrochen sind.

Nach der großen Welle

Als Elvis 1958 zum Militär eingezogen wurde, war die große Zeit des Rock 'n' Roll vorbei. Die Rocker der ersten Stunde hatten ihre Triumphe erlebt, Millionen Schallplatten verkauft, in Filmen mitgespielt, waren mit ihren Shows durchs Land gezogen. Jerry Lee Lewis, Little Richard, Chuck Berry, Buddy Holly, Carl Perkins, Eddie Cochran, Johnny Cash und viele mehr waren Gründungsväter des Pop geworden, hatten ein riesiges Geschäft angekurbelt, Unruhen ausgelöst, einen Sturm der Entrüstung über Amerika und die westliche Welt gebracht, Millionen von Teenagern wachgeküsst. Die Plattenfirmen, Filmproduzenten und Manager hatten das System Pop schnell begriffen: Talentscouts durchkämmten die USA und Europa nach jungen Nachwuchskünstlern, um dem immer größer werdenden Appetit der Teenager gerecht zu werden.

Nach der Aufregung, die der Rock 'n' Roll verursacht hatte, war die Musik in den USA wieder seichter geworden, Doo Wop hieß die neue Welle, die von schwarzen und weißen Interpreten gleichzeitig bedient wurde. Die harten, schnellen Rhythmen des Rock 'n' Roll und des Rhythm and Blues verschwanden von der Oberfläche und tauchten in der Surfszene Kaliforniens unter.

Surf culture

Das Modell Rock 'n' Roll hatte Spuren hinterlassen: Jeder neue Mainstream würde nun durch Underground, Independent oder ähnlich genannte Bewegungen konterkariert werden. Als der Rock 'n' Roll geradezu offizi-

Die Surfszene Kaliforni-
ens war der Nährboden
für verschiedene Subkul-
turen, die zwischen 1958
und 1967 miteinander
verschmolzen oder für
sich existierten: Hot Rodding, Surf Punk, Psyche-
delic, Folk und exotischer
Primitivismus.

ell wurde und der Twist als Erwachsenenbelustigung
die Tanzböden der Welt eroberte, hatte sich an den
Stränden Kaliforniens längst eine neue Subkultur etabliert: die der Surfer. Ideologisch waren sie teilweise
den Beatniks verpflichtet, doch viele Surfer waren im
wahrsten Sinn des Wortes gestrandete Existenzen, junge Männer, die keinen Platz in der amerikanischen
»suburbia«-Mentalität fanden. An den Stränden trafen
sich nun junge Menschen mit alten, teilweise frisierten
und umgebauten Autos, den Hot Rods, lebten ein für
amerikanische Verhältnisse sehr freies Leben in einfachen Verhältnissen und gaben sich dem Trendsport
Surfen hin. Ihre Mode war eine Mischung aus lässigem
Westcoast-Jeanslook und marginalen italienischen Einflüssen, die Mädchen tragen Bikinis und große Sweater
mit Flipflops. Die Musik ist größtenteils instrumental
und von eher lokalen oder regionalen Bands eingespielt, ein recht harter Rhythm and Blues in der Tradition Bo Diddleys. Dick Dale ist der Gitarrist des Surf,
der angeblich den jungen Jimi Hendrix das Instrument
gelehrt hat. Surf ist jedoch mehr als nur der Sound,

der sich ab 1962 bis in die Hitparaden frisst. Zum Surf gehört das Customizing, Hot Rodding, das Pot-Rauchen und die Aufkündigung des puritanischen Lebens- und Arbeitsethos. Surf ist ein alternativer Lebensentwurf, der in den USA so lange funktioniert, wie es keinen Vietnamkrieg gibt, der die Jugend vom Strand in den Dschungel entführt. Im Vakuum nach dem Doo Wop wird dann der Surf-Sound von Hollywood und der Musikindustrie als neuer Trend entdeckt und flächendeckend vermarktet.

Kontinentale Entwicklungen

In Europa hielt sich der Rock 'n' Roll ein wenig länger, weil viel Material aus den USA erst verspätet auf dem Kontinent ankam und nur in kleineren Dosen verabreicht werden konnte. In England bildete sich um 1958 aus der Trad-Bewegung (Traditional Jazz) die Skiffle-Bewegung, die äußerlich eine Mischung aus Beatniks, Existenzialisten und frühen Mods war. In den großen Städten wie London, Leeds und Liverpool entstanden Clubs, in denen die Jugendlichen zusammenkamen und dem Skiffle-Sound frönten oder Blues-Interpreten wie John Lee Hooker zuhörten – neben den vielen Hundert Bands, die den amerikanischen Rhythm and Blues und Rock 'n' Roll adaptierten und interpretierten.

Das »Heaven & Hell«, eine typische britische Café-Bar der 1950er-Jahre, Sammelpunkt der Teens

Deutschland war einerseits nach den Ausschreitungen während der Bill-Haley-Tourneen 1957 und 1958 wieder ruhig geworden, andererseits hatten das Establishment und seine Kontrollinstanzen begriffen, dass auch

hier eine »skeptische Generation« heranwuchs, wie der Soziologe Helmut Schelsky formulierte. Der Rock 'n' Roll war innerhalb kurzer Zeit weichgespült und durch zaghaft modernisierte Schlager ersetzt worden. Ob Deutschland, Frankreich oder Italien, ob Peter Kraus, Johnny Hallyday oder Adriano Celentano – die Rock-'n'-Roll-Interpreten wandten sich eher traditionell-landestypischen Sounds zu. Die Jahre 1958–1962 waren eine Inkubationszeit zwischen der Infizierung durch den Rock 'n' Roll und dem Ausbruch des Pop in seiner vollen Dimension. In dieser Zeit bereitete sich vor allem das Fernsehen auf das vor, was kommen würde.

Europas Teenager sogen begierig auf, was an amerikanischen Einflüssen an ihre Ohren kam. Europäische Bands kamen fast ausschließlich über die in Europa stationierten GIs an Platten und Radiosendungen, die Rock 'n' Roll, Rhythm and Blues und Ähnliches spielten. Der ursprüngliche Rock hatte sich mithilfe des Rhythm and Blues bereits weiterentwickelt, nun brachten die europäischen Musiker ihre Interpretation mit dazu. In Ermangelung deutscher Bands mit Erfahrung und Musikalität engagierten Klubbetreiber in Hamburg Ende der 1950er-Jahre immer wieder Bands aus England für längere Engagements, darunter auch eine Formation namens The Quarrymen, aus der wenige Jahre später die Beatles hervorgehen sollten. Das Weiterentwickeln des Rock 'n' Roll durch die täglichen Auftritte, die Veränderung der Instrumentierung und ein gewisses Liverpooler Feeling machten innerhalb weniger Jahre aus dem importierten amerikanischen Rock 'n' Roll eine genuin englische Spielart der Popmusik, den Beat. Nachdem die Beatles 1961 Hamburg verlassen mussten und sich 1962 in Liverpool zu dem berühmten Viererensemble zusammengeschlossen hatten, eroberten sie 1963 unter der Mitwirkung ihres Managers Brian Epstein mit dem Mersey Beat erst Großbritannien, dann die Welt.

Modernisten vs. Traditionalisten

Großbritannien war durch den Krieg und den anschließend einsetzenden Verlust vieler Übersee-Kolonien geschwächt. Die britische Schwerindustrie brauchte länger als die zerstörte deutsche, um wieder auf Vorkriegsniveau zu kommen. Die englische Klassengesellschaft und eine enorme Spanne zwischen Arm und Reich beförderten die Ausbildung subkultureller Stile innerhalb der Jugendlichen nach dem Ende des Krieges. In Großbritannien hatte es eine starke Szene von Jazz-Liebhabern gegeben, die dem Swing und dem New-Orleans-Jazz, wie er von englischen Interpreten (Mr. Acker Bilk, Lonnie Donegan) gespielt wurde, anhingen. Mit dem Rock 'n' Roll entstanden die Rockers, die den ursprünglichen Rock der ersten Stunde hörten, Motorräder fuhren und sich im Stil ihrer amerikanischen Vorbilder kleideten. 1959 hatte die englische Musikindustrie ihr eigenes Starsystem aufgebaut, das

Mods mit Scooter, 1964

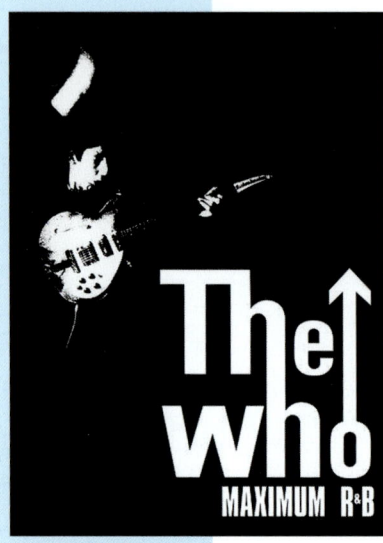

Maximum R&B: Rock 'n' Roll auf einen kurzen visuellen Nenner gebracht. Plakat für die Auftritte der Who im Londoner »Marquee Club« 1965

den Rock 'n' Roll verweichlichte und in sanfte Balladen überführte. Tommy Steele, Billy Fury, Cliff Richard und Adam Faith bedienten die englischen Jugendlichen, vor allem die weiblichen Fans, mit dem notwendigen Maß an Pop.

Neben der weißen, von den USA adaptierten Popkultur gab es in Großbritannien jedoch auch die Kultur der Einwanderer, insbesondere jener aus Jamaika. Ihre Variante der Popmusik, der Ska, war eine Mischung aus Rhythm and Blues mit dem ganz eigenen Tempo und Rhythmus der Westindischen Inseln. Von Piratensendern offshore und in Londoner Clubs gespielt, begeisterten sich immer mehr weiße Jugendlichen für den Ska.

Um 1960 gewann die italienische Männermode an Einfluss. Bis dahin außerhalb Italiens nur von Homosexuellen getragen, wurden der italienische Schnitt für Hosen und Jacketts sowie die Kombination von Hosen mit kurzen Jacken und Pullovern durch international erfolgreiche italienische Filme plötzlich fashionable. Eng geschnittene, niedrig auf der Hüfte sitzende Hosen mit kleinen Taschen, spitz zulaufende Schuhe oder Desert Boots (ursprünglich für die Afrikaeinsätze der britischen Armee entworfen) und italienische Motorroller, die Scooter, wurden zur Ausstattung einer neuen Gruppe von Jugendlichen, den Mods (abgekürzt für Modernists). Ihr Entstehen um 1960 fällt mit dem musikalischen Vakuum zusammen, das der alte Rock 'n' Roll hinterlassen hat; nun hören die Mods die amerikanischen Rhythm-and-Blues-Originale wie Bo Diddley, entdecken aber auch James Brown und die Ska-Bands aus Jamaika. Ihr Stil ist ein Affront gegen Gesellschaft, Elternhaus und andere Jugendliche: Die Mods legen größten Wert auf die richtige Kleidung und verzieren ihre Scooter auf verschwenderische, unsinnige Art – sie geben das wenige Geld, das sie verdienen, komplett für ihren Look aus. Die Mods stilisieren sich, grenzen sich ab. Das ist für die Eltern, aber auch für die konservativen Rocker ein Affront. Statt Bier werden Amphetaminpillen und Marihuana zum bevorzugten Rauschmittel der Mods. Ab 1963 werden Northern Soul (aus Detroit und Philadelphia) und der Beat von Bands wie The Who, The Kinks, The Small Faces zur Tonspur des Mod-Lebens. Obwohl nur wenige Jahre virulent und in Kontinentaleuropa fast unbemerkt, hat sich der Mod-Style mit der British Invasion 1963/64 nach USA ausgebreitet und bis in den dortigen Glamrock beziehungsweise den heimischen New Wave und den Britpop der 1990er-Jahre gewirkt.

Memphis, Detroit und Philadelphia

Rock 'n' Roll und Rhythm and Blues hatten schwarze Musiker ins Rampenlicht gerückt und damit zumindest in einigen Medien den Anschein erweckt, die Rassentrennung gebe es nicht mehr. Neben den Gesangssolisten traten ab 1960 verstärkt Vokalgruppen auf, die vom Gospel und Blues gleichermaßen beeinflusst waren. Da man in der Musikindustrie nun wusste, dass es einen neuen Markt mit großer Nachfrage gab, suchte man mit Hochdruck nach neuen Acts, schwarzen wie weißen Interpreten. Sowohl im Süden der USA, in Memphis, als auch in den Industriezentren des Nordens, in Detroit und Philadelphia, entstanden die neuen Kraftzentren der Popmusik. Von hier aus entwickelte sich der Rhythm and Blues zur bestimmenden musikalischen Kraft weiter.

Die Famous Flames mit ihrem charismatischen Leadsänger James Brown konnten ab 1955 einigen Erfolg mit von Soul und Gospel beeinflussten Balladen verbuchen, vor allem aber durch die Crooner-Qualitäten ihres Bandleaders James Brown. Anfang der

Die US-amerikanische Gruppe Ronettes in zeittypischem Outfit, fotografiert von David Wedgebury

1960er-Jahre haben sie sich als Ensemble USA-weit etabliert, ihre Musik beginnt rhythmischer, souliger, dynamischer zu werden. 1962 produziert Brown den ersten Live-Mitschnitt eines Popkonzerts als LP und bringt diese gegen den Willen der Plattenfirma auf den Markt. Das Konzert aus dem »Apollo Theatre« in New York verkauft sich besser als alle vorhergehenden Singles der Band und steht wochenlang auf den Top-Ten-Platzierungen der amerikanischen Charts. Der »Soul Brother No. 1« zelebriert seine Auftritte ähnlich wie Elvis, legt aber noch eine Schippe drauf und lässt sich feiern wie einen König. James Brown tanzt wie ein Derwisch und mischt das Image des schwarzen Musikers mit Glamour und übersteigertem Selbstbewusstsein auf. Generationen von Popmusikern haben sich Browns Tanzschritte abgeschaut, angefangen bei Mick Jagger bis zu Michael Jackson.

Der aus New York stammende Harvey Phillip »Phil« Spector hatte als Musiker und Songwriter begonnen und wechselte Ende der 1950er-Jahre ins Produzentenfach. Er entwickelte eine Aufnahme- und Mischungstechnik, die als »wall of sound« legendär wurde. Gemessen an den beschränkten Studiomöglichkeiten der damaligen Zeit bestachen die Spector-Produktionen durch eine Opulenz des Klangs, der das räumliche Hörerlebnis in den Mittelpunkt stellte. Spector produzierte zwei der ersten Girlgroups, die Ronettes und die Crystals, später auch Ike and Tina Turner.

Berry Gordy hatte ebenfalls als Songwriter begonnen und gründete 1959 in Detroit die Produktionsfirma Tamla. Ein Jahr später kam das Label Motown hinzu, das zum Namensgeber des gleichnamigen Sounds werden sollte, der in den ersten Jahren maßgeblich durch das Songwriter-Trio Holland-Dozier-Holland geprägt war. Zwischen 1960 und 1971 produzierte Gordy 110 Top-Ten-Hits mit schwarzen Interpreten. Mit den Miracles, den Supremes, den Temptations, Marvin Gaye und Stevie Wonder hatte Motown viele Superstars des 1960er-Jahre-Souls unter Vertrag.

Hollywood goodbye

Zu Beginn der 1960er-Jahre kulminierten mehrere Strömungen und Entwicklungen innerhalb der Filmszene und erzeugten ein neues Kino sowohl in den USA als auch in Europa. Das Hollywood-Starsystem, das ein Lieferant genuiner Popmythen gewesen war, sah sich Anfang des Jahrzehnts einer Krise gegenüber. Die Macht der Studios war immens gewesen, doch diese totale Kontrolle hatte offensichtlich am Publikum, vor allem am jungen Publikum, vorbeigearbeitet. Das Fernsehen hatte dem Kino Konkurrenz gemacht. Und an der West- wie an der Ostküste bildeten sich Gruppierungen, die ein neues, unabhängiges Kino wollten. Dazu gehörten Spiel- und Dokumentarfilmer.

Der B-Movie-Bereich war in den USA seit den 1940er-Jahren erfolgreich gewesen, indem er für die offizielle oder intellektuelle Kultur »zu heiße« Themen aufnahm und in Popmanier verarbeitete: Gewalt, Sex, das kollektive Unbewusste, Außerirdische und Mon-

Russ Meyers Opus über Frauen, die härter als Kerle sind, ist purer Pop: Gewalt, Sex, Autos, Popmusik und eine an Comiczeichnungen angelehnte Kameraführung.

ster, aber auch aktuelle Strömungen wie Jugendkultur, Drag Racing, Surfing und Drogen. Ohne Megastars oder berühmte Regisseure ließ sich in diesem Bereich gutes Geld verdienen. Er wurde immer wichtiger, weil er schneller und flexibler produzieren konnte als Hollywood und deshalb vor allem für das jugendliche Publikum aktueller und attraktiver war. Der Produzent Hal B. Wallis hatte die Jugendkultur als einträgliches Thema entdeckt und produzierte Beatnik-, Surf-, Rennfahrer- und Elvis-Filme. Roger Corman hatte sich als unabhängiger Regisseur und Produzent dem Horror, aber auch dem Genre des Subkulturfilms verschrieben. Kenneth Angers »Scorpio Rising« (1964) ist einer der ersten Filme, deren Handlung (angesiedelt im Rocker- und Homosexuellen-Milieu) nur durch Popmusik (Detroit Soul) zusammengehalten wird. Russ Meyer schrieb Drehbücher, führte Regie und produzierte seit 1958 Filme zu den Themen Sex und Gewalt; der Schwarz-Weiß-Film »Faster Pussycat! Kill! Kill! / Die Satansweiber von Tittfield« von 1965 ist ein Meilenstein des unabhängigen B-Movies, der durch seine Kameraführung, Schnitttechnik und unverhohlene Lust an der Gewalt und am sexuellen Verlangen als echter Popfilm eingestuft werden muss.

Parallel zur B-Movie-Bewegung entstand um 1960 eine neue Dokumentarfilm-Schule, die sich aktueller Themen der amerikanischen Gesellschaft annahm und durch das Fernsehen auch die Möglichkeit der Publikation hatte. Dokumentarfilmer wie D. A. Pennebaker oder die Brüder Albert und David Maysles etablierten nicht nur eine neue Form des »dokumentarischen« Erzählens und Berichtens. Die oft ohne künstliches Licht mit einer Handkamera auf hochempfindlichem, grobem Schwarz-Weiß-Material gedrehten Filme wurden zu einer neuen visuellen Form für Filme. Der Dokumentarfilm »Dont look back« (1967) von Pennebaker über Bob Dylan enthielt auch noch einen der ersten und bis heute immer wieder zitierten Musikclips.

Ende der 1950er-Jahre erfand man in den USA das Prinzip, aus erfolgreichen Kinofilmen Fernsehserien zu machen. Das Fernsehen war innerhalb weniger Jahre zum Leitmedium geworden – spätestens seit dem Präsidentschaftswahlkampf zwischen Richard Nixon und John F. Kennedy 1959 war deutlich geworden, welchen Einfluss es auf die Zuschauer, aber auch auf die öffentlichen Akteure hatte. Das Fernsehen in den USA war von Beginn an privatwirtschaftlich organisiert; nachdem die Werbung als Einnahmequelle akzeptiert und durchgesetzt war, begann ein erbitterter Konkurrenzkampf der Stationen untereinander. Musik-, Talk- und Gameshows wetteiferten um Einschaltquoten.

Die für das Fernsehen produzierten Serien und Spielfilme mussten sich dem gleichen Wettbewerb stellen, insofern standen die Chancen für narrative oder visuelle Neuerungen, die das Publikum fesseln konnten, gut. Das war die Stunde innovativer Regisseure wie John Frankenheimer, Norman Jewison oder Richard Lester in Großbritannien. Sie dachten deutlich stärker in visuellen Dimensionen als Kinoregisseure: Im Fernsehen konnten optische Tricks wie Split Screens, nicht-simultane Bild-Ton-Spuren, versetzte Zeitachsen und ungewöhnliche Bildwinkel ausprobiert werden.

»A Bout de Souffle / Außer Atem« von Jean-Luc Godard brach mit der narrativen Syntax des Hollywood-Kinos bei gleichzeitiger Verehrung desselben. Jean Seberg verkörperte 1959 einen neuen Typ Frau, der die ganzen 1960er-Jahre über einflussreich sein sollte.

Das Kino außer Atem

Zeitgleich mit dem Aufstieg der B-Movies und dem Ende des klassischen Hollywood-Kinos entwickelten sich in Europa die Dinge ähnlich schwierig wie in den USA. Die großen nationalen Kinoproduktionen waren in einer Krise, sowohl künstlerisch als auch wirtschaftlich. Cinecitta, die italienische Filmstudio-Entsprechung Hollywoods, versuchte sich mit Sandalenfilmen (den europäischen B-Movies) über Wasser zu halten, in Deutschland dominierten Heimat- und Operettenfilme, in Frankreich steckte das Kino ebenfalls in der Krise. Zwar versuchte man auch in Europa, zielgruppengerechte Musikfilme für Jugendliche und junge Erwachsene zu produzieren, aber die musikalischen Schlagerkomödien aus Deutschland wollten eher der Elterngeneration gefallen, als den Teenagern von 1958.

1958/59 wechselte eine Reihe junger französischer Filmkritiker ins Regiefach. In Hinblick auf den Anspruch, die Themen und den Einsatz der filmischen Mittel unterschiedlich, schufen Jean-Luc Godard, François Truffaut, Agnes Varda, Jacques Demy und andere Regisseure einige Filme, die die Kritik als neue Welle, als »nouvelle vague« bezeichnete. Vor allem Godard trat als naiv-genialischer Regisseur hervor, der sich um traditionellen Filmschnitt und eine lineare Erzählweise nicht scherte, sondern seinen ersten Film »A Bout de Souffle / Außer Atem« von 1959 teilweise inszenierte wie einen Dokumentarfilm, teilweise wie einen ironischen Abklatsch der Films noirs aus Hollywood. Die Hauptdarsteller Jean-Paul Belmondo und Jean Seberg, der Soundtrack, die Reverenz gegenüber Hollywood-Gangsterfilmen (also Popmythen) und die lässige Kamera machten den Film zu einem Meilenstein des europäischen Kinos.

Danach war der »klassische« Filmschnitt, ja das traditionelle Kino erst einmal erledigt. Die formale Seite des Films war frei geworden. Interessanterweise war die Nouvelle Vague nicht nur intellektuell, sondern

auch kommerziell halbwegs erfolgreich. Ein Kino jenseits der großen Studios und der damit verbundenen
stilistischen und thematischen Einschränkungen war
offenbar möglich. Das sahen einige englische Regisseure ähnlich und versuchten ab 1960, ein unabhängiges englisches Kino aufzubauen, das sowohl dokumentarisch, als auch fiktional arbeiten sollte. Tony
Richardson gelang es, Probleme der britischen Unter-
schicht oder orientierungsloser Jugendlicher in einigen
großartigen Filmen mit den neuen Mitteln des amerikanischen und europäischen Films darzustellen. Auf der
anderen, der B-Seite, begannen die Londoner Ham-
mer-Studios mit der Produktion ihrer Vampir- und Hor-
rorfilme, die später Kultcharakter bekommen sollten.

Der eigentliche Popstar des britischen Kinos war jedoch der aus den USA stammende Richard Lester. Der
Regisseur, der ursprünglich für das Fernsehen gearbeitet hatte, verfügte über ein untrügliches Gespür für die
heraufziehende neue Zeit und den mit ihr verbundenen
Stil. Bereits sein erster Kinofilm »The Knack / Der gewisse Kniff« von 1964 war eine skurrile romantische
Komödie voller visueller Überraschungen und einem
Soundtrack, der als Pop in den Film integriert war. Mit
dem Beatles-Film »A Hard Day's Night / Yeah Yeah

»The Knack / Der
gewisse Kniff« von
Richard Lester war 1964
der erste britische Pop-
film, der sich dessen
vollkommen bewusst
war. Im Bild: Jane Birkin
und Ray Brooks

Wann begann die Pop-Art? Die Frage ist nicht einfach zu beantworten, denn sie setzt unterschiedlich ein, je nachdem, wen man als Vorreiter oder Wegbereiter angibt. Von den Dadaisten und Marcel Duchamp, die vom Material und den Sujets her manches vorwegnahmen, was die Pop-Art später ausmachte, ist bereits die Rede gewesen. Für die USA ist der Einfluss des Musikers und Komponisten John Cage sehr hoch einzustufen. Cage unterrichtete zu Beginn der 1950er-Jahre am Black Mountain College in Kalifornien und beeinflusste mit seinen vom Dadaismus wie vom Zen geprägten Ansichten eine Reihe junger Künstler, wie beispielsweise Allan Kaprow, Robert Rauschenberg und Jasper Johns. Mit seiner affirmativen Haltung war Cage der Independent Group sehr ähnlich. Er machte keinen Unterschied zwischen Klang und Geräusch, stellte sich gegen eine elitäre, snobistische Kunstbetrachtung und war in dieser Hinsicht dem Pop sehr verwandt.

Mel Ramos begann mit Comicmotiven, bevor er seine berühmten Playmate-Packshots in fotorealistischer Weise malte. »Batmobile«, 1962

Etwa um 1960 begannen bildende Künstler in Los Angeles und in New York zeitgleich sowohl am Stil als auch an der Ideologie des Abstrakten Expressionismus zu zweifeln und nach etwas Neuem zu suchen. Mel Ramos in Kalifornien etwa beschloss, nur noch das zu malen, was ihm selbst gefiel: Comichelden, Produktverpackungen und Pin-ups. 1962 hatte er seine Bestimmung gefunden, ohne zu ahnen, dass es noch einige Kollegen gab, die Ähnliches auf die Leinwand brachten. In New York hatten sich Jasper Johns und Robert Rauschenberg mit ihren Collagen und Objekten von der gegenstandslosen Malerei gelöst und waren auf dem Weg zu etwas bis dato Unbekannten, für das es zunächst kein Etikett zu geben schien. Als dann Roy Lichtenstein begann, großformatige Comicbilder mit Sprechblasen zu malen und Andy Warhol mit Siebdrucken von Stars und Konsumgütern in Erscheinung trat, fand ein Zeitungskritiker den Begriff »Pop-Art«. Pop-Art bezeichnete eine Kunst, deren Sujets aus den Massenmedien sowie aus der Waren- und Konsumwelt kamen und aus der die persönliche Handschrift in der Darstellung scheinbar zurückgetreten war, weil das technisch Reproduzierte noch zu erkennen war. Galeristen wie Leo Castelli und Kuratoren wie Henry Geldzahler erkannten das Potenzial: Die Pop-Art wurde innerhalb weniger Monate (und fast zeitgleich mit der »British Invasion« der Popmusik) »das neue Ding« – auch jenseits der USA.

In Großbritannien waren die Mitglieder der Independent Group größtenteils Künstler gewesen, jetzt, fünf Jahre nach dem Popmanifest »This is tomorrow« und den programmatischen Ausstellungen traten Peter Blake und Richard Hamilton mit ihrer Version von Pop-Art an die Öffentlichkeit. David Hockney, damals ein junger Maler, kombinierte den expressiven Duktus mit Versatzstücken von Fotovorlagen und typografischem Material und wurde einer der bekanntesten Popkünstler weltweit, Ronald B. Kitaj, Peter Philips und Allen Jones sind weitere exponierte britische Künstler des Genres.

Auch in Schweden, in Frankreich, Italien und Deutschland gab es Pop-Art, allerdings in den meisten Fällen reflektierter und gesellschaftskritischer als das amerikanische Vorbild. Neo-Dada und Fluxus hatten um 1960 den Boden für eine neue, »direkte«, freie und manchmal sogar heitere Kunst bereitet; die Pop-Art traf in Deutschland und

Martial Raysse, »Nu jaune et calme«, 1963 Collection François Pinault

Europa vielerorts auf vorbereitetes Terrain. Die Happenings nahmen schon 1960 vorweg, was rund ein Jahrzehnt später eine allgemeine Haltung werden sollte. Doch auch die Pop-Art blieb meistens eine Variante im Kunstbetrieb – erst als Motive von Warhol und Lichtenstein auf Poster gedruckt wurden und als bezahlbare Kopien die Wände von Jugendzimmern und Wohngemeinschaften schmückten, konnte die Rede davon sein, dass die Pop-Art die Versöhnung von Kunst und Leben erreicht hatte. Marcel Duchamp hatte einmal formuliert, er habe die Objekte nicht ihrer Ästhetik, sondern ihres Anti-Fetischs wegen ausgestellt – die Pop-Art fetischisiere jedoch die Anti-Fetische.

Yeah« bewies Lester dann 1964 sein ganzes Können und schuf aus dem Handgelenk ein neues Genre, den Popmusikfilm.

Lesestoff für Teens und Twens

Zum Zentralorgan der deutschen Teenager mauserte sich Ende der 1950er-Jahre die Zeitschrift »Bravo«, die von dem Journalisten Peter Boenisch und dem Verleger Helmut Kindler geplant worden war. Am 26. August 1956 erschien die Erstausgabe als »Bravo – Zeitschrift für Film und Fernsehen« und kostete 50 Pfennig. Ein Jahr später lautete der Untertitel bereits »Die Zeitschrift mit dem jungen Herzen« und trug den Zusatz »Film, Fernsehen, Schlager«. Innerhalb weniger Jahre verzehnfachte sich die Auflage. Mit der Jahrzehntwende war »Bravo« die Zeitschrift für Pop-, Schlager-, Film- und Fernsehstars, aber auch schon auf dem Weg zur Jugendberatung in Sachen Liebe. Doch zum alles beherrschenden Medium der Teens sollte die »Bravo« erst in den späten 1960er-Jahren werden.

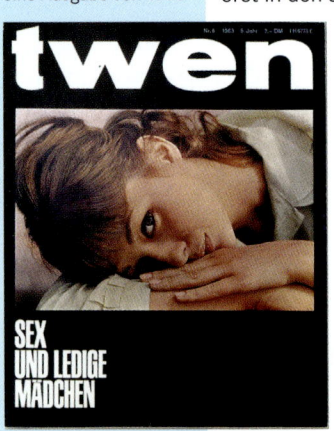

Der Zeit voraus: Die Zeitschrift »twen«, hier eine Ausgabe von 1963

Neben den Teenagern gab es auch in Deutschland ein junges Publikum, das dem neuen Lifestyle und seinen popkulturellen Erscheinungen wie Musik, Mode, Literatur aufgeschlossen gegenüberstand und sich stilistisch wie politisch von den traditionellen Magazinen nicht vertreten sah. Für dieses Publikum wurde 1959 die Zeitschrift »twen« gegründet, die ab Mai 1961 monatlich erschien. Optisch war die Zeitschrift durch aufwendige Fotostrecken und das neuartige, ambitionierte Layout des Artdirectors Willy Fleckhaus geprägt, das wesentlich zum frühen Erfolg der Zeitschrift beitrug und bis heute einen legendären Ruf genießt. »twen« war in Deutschland die erste Lifestyle-Zeitschrift, die Themen wie Mode, Musik und Urlaub, Sexualität und Partnerschaft, aber auch kulturelle

Positionen behandelte. Film-, Buch- und Schallplatten-
kritiken hatten von Anfang an einen festen Platz im
Heft, favorisierte Musikstile waren allerdings Jazz und
Chanson, erst später kam die Popmusik dazu. Bereits
in den frühen 1960er-Jahren erschienen Artikel in
»twen«, die sich für eine Enttabuisierung von voreheli-
chem Sex sowie von Homosexualität aussprachen. Die
Zeitschrift spielte insofern in der damaligen Bundesre-
publik so etwas wie eine Vorreiterrolle für die sexuelle
Revolution. Zum bekanntesten »twen«-Fotomodell
avancierte Uschi Obermaier.

Auch mit politischen Themen wie der von der Mehrheit der Westdeutschen verdrängten nationalsozialisti-
schen Vergangenheit oder der Studentenbewegung be-
schäftigten sich »twen«-Autoren regelmäßig. Es gab
dabei eine linksliberale Grundtendenz und Überschnei-
dungen mit dem Autorenmilieu der Zeitschriften
»konkret« und »pardon«. »twen« kann von daher zum
publizistischen Umfeld der außerparlamentarischen
Opposition und später der 68er-Bewegung im weiteren
Sinne gezählt werden.

Clubs und discothèques

Mit der zunehmenden Popularität des Pop veränderten
sich das Konsumverhalten und die Orte, an denen Teenager und junge Erwachsene Popmusik hören, tanzen
und ihren Popstil pflegen bzw. ausleben konnten.
Wichtigstes Ritual der frühen Jahre war das Konzert,
also ein Live-Erlebnis gewesen. Mit der zunehmenden
Bedeutung der Schallplatte und der Radio- und Fern-
sehübertragung von Popmusik rückten die Empfangs-
und Reproduktionstechniken in den Vordergrund.

Besondere Treffpunkte für Cliquen, Szenen und subkulturelle Milieus hatte es schon in den 1920er-Jahren
gegeben, oft wurde in diesen Clubs oder Bars auch
Jazz gespielt. Sowohl in amerikanischen Bars als auch
in französischen hatte man die Bands durch Platten-
aufnahmen ersetzt, weil der Auftritt von schwarzen

Musikern oder das Spielen von Jazz verboten war. Die Jukebox hatte das Hörerlebnis vom Konzertsaal und vom heimischen Wohn- oder Jugendzimmer in die Kneipe, in das Restaurant oder das Café, also in die urbane Öffentlichkeit transportiert, dahin, wo Gleichgesinnte nun ein Erlebnis der Zusammengehörigkeit, der Identität und der Differenz erfahren konnten. Für Jugendliche waren diese Orte jedoch reglementiert (Öffnungszeiten und Getränke), nur Volljährige konnten dort Alkohol trinken und die Nacht verbringen. Von der Kneipe mit Musikautomat bis zur »discothèque« war es noch langer ein Weg.

Angeblich gab es in den 1930er-Jahren in der französischen Hafenstadt Marseille Bars, in denen Seeleute ihre Schallplatten vor dem Einsatz auf See zurückließen; beim Landgang suchten sie in dieser »Bibliothek für Schallplatten«, der Disco-thek, nach ihren Platten.

Während des Zweiten Weltkriegs öffnete dann im besetzten Paris die erste »discothèque« unter diesem Namen. Da an Live-Jazz nicht zu denken war, spielte man Jazz-Platten. Eröffnet wurde das Etablissement von dem Jazz-Pianisten Éduard Ruault, der in den 1950er-Jahren unter dem Namen Eddie Barcley einer der erfolgreichsten Musikmanager Frankreichs wurde. »La Discothèque« inspirierte auch andere Franzosen dazu, in Kellern und unterirdischen Bars improvisierte Soundsysteme zusammenzubasteln, über die dann die von den Besatzern ungeliebte oder verbotene Jazz-Musik abgespielt werden konnte (die jugendlichen Jazzliebhaber nannten sich »zazous«). Nach dem Krieg öffneten in Paris weitere Klubs, in denen Schallplatten zum Tanzen gespielt wurden. Einer der ersten war 1947 das »Whisky-A-Go-Go« der legendären Régine, in dem ab 1953 zwei Plattenspieler und eine Lichtanlage installiert waren. Daneben gab es das »Chez Castel«, wo der Abend meist mit einer Filmvorführung begann, bevor man sich dann in die discothèque zurückzog und

Blues tanzte. Der Klub bediente die Pariser Intellektu-
ellenszene, war also nur bedingt in die Kategorie Pop
einzuordnen.

Auch in London hatte sich nach dem Krieg eine
größtenteils illegale Jazz-Szene etabliert, die sich spontan in Kellern und Abbruchgebäuden traf. Die ersten
»allnighter« genannten Tanzveranstaltungen fanden Ende der 1940er-, Anfang der 1950er-Jahre statt. Nach
dem Pariser Vorbild gingen die britischen Clubs dazu
über, zumindest an einigen Abenden Musik von Schallplatten zu spielen und entsprechende Musikanlagen zu
installieren. 1943 soll Jimmy Savile die erste Tanzparty
zu Jazzplatten organisiert haben. Angeblich ist er auch
der erste DJ, der bereits 1947 zwei Plattenspieler be-
nutzte, um ohne Pause Musik abzuspielen.

Als erste Diskothek Deutschlands gilt ein ehemali-
ges Restaurant in Aachen. Der Besitzer funktionierte
es 1959 in eine sogenannte »Jockey-Tanz-Bar« um, in
der ein Discjockey Schallplatten auflegte und den Stil
der Musiksendungen von Radio Luxemburg kopierte.
Dieses Format wurde sehr schnell von anderen Tanz-

Das »Whisky-A-Go-Go«
in Los Angeles, 1965
aus einer Reportage
des LIFE-Magazine

bars kopiert und verbreitete sich innerhalb kurzer Zeit über Deutschland, Belgien und Holland aus.

Richtig populär wurde die Diskothek zu Beginn der 1960er-Jahre im Zuge der französischen Yé-Yé-Bewegung, als an den großen Ferienstränden Frankreichs discothèques entstanden, die auch von Jugendlichen frequentiert wurden; bis dahin waren es meistens elitäre Klubs mit Zugangsbeschränkung nur für (wohlhabende oder einflussreiche) Erwachsene gewesen. Diese frühen Klubs bildeten aber den Humus für alles, was in den späteren 1960er-Jahren populär und verbreitet werden sollte.

In die USA gelangte die Diskothek durch einen französischen Einwanderer, der 1960 »Le Club« in New York City eröffnete. Im Herbst 1961 öffnete ebenfalls in New York City die »Peppermint Lounge« und wurde sofort ein unglaublicher Erfolg, über den der amerikanische Popessayist Tom Wolfe einen langen Artikel schrieb. In der »Peppermint Lounge« wurde das Go-go-Dancing erfunden; außerdem stand die Lounge für eine Öffnung des Publikums hin zu den Teenagern, für die spezielle Nachmittagsveranstaltungen angeboten wurden. 1965 begann das »Whisky a Go Go« in Los Angeles mit Go-go-Tänzerinnen in Käfigen, die über der Tanzfläche hingen.

Diese speziell geschaffenen, oft sehr speziell eingerichteten und gestalteten Räumlichkeiten stellten einen wichtigen Schritt in Richtung Selbstreflexivität des Pop dar. Bis dahin hatten Live-Auftritte und Tanzveranstaltungen in irgendwelchen Bars oder kleineren Hallen stattgefunden, deren Interieur möglicherweise aus dem vergangenen Jahrhundert datierte. Das gemeinschaftliche Erlebnis war wichtig, das Gefühl, Teil einer Szene zu sein – das Ambiente musste noch nicht »stylish« sein. Anfang der 1960er-Jahre machen sich die Klubs und Diskotheken Gedanken über ihren Look. Man beauftragt Designer und Dekorateure, ein Ambiente zu schaffen, das einzigartig ist, trendy oder, wie der Begriff von damals lautet: »in«. Diese neuartigen Klubs und Diskotheken werden vor allem in Europa stilbildend für das, was einige Jahre später einmal »Popdesign« oder »Popstyle« genannt werden wird. Die frühen Exemplare zeichnen sich noch durch einen bunten Stilmix von Antiquitäten, zeitgemäßem Design und teuren Materialien aus, später wandeln sich die Klubs zu psychedelischen Höhlen und zoomorphen Raumschiffen aus Kunststoff.

The Factory – Pop als gelebte Kunst

1963 mietete Andy Warhol eine Lagerhausetage an der 47. Straße in New York. Seine ersten Ausstellungen 1962 in Los Angeles, Washington und New York hatten ihn überzeugt, von der Kunst leben zu können. In demselben Jahr hatte er begonnen, mit Siebdruck zu experimentieren und machte diese Technik zu seinem Markenzeichen. Warhols erste Bilder zeigten Colaflaschen, Suppendosen, Porträts von Elvis Presley, Marilyn Monroe und Elizabeth Taylor. Einen Trip quer durch die USA von New York City nach Los Angeles im Herbst 1963 beschreibt er als eine Art Erleuchtung: Je weiter sie

Der Inner Circle von Andy Warhols Factory, u. a. mit Nico, Warhol himself (Mitte) und den Velvet Underground, 1966 in der Factory

sich von New York entfernten, um so mehr »Pop« wurde die Umgebung, die Billboards am Highway, die Di-
ner-Restaurants, die Neonreklamen, die Autokinos, alles war ein Teil des riesigen Universums »Pop«, und
man musste laut Warhol nur sein Bewusstsein auf
»Jetzt« oder auf »Zukunft« stellen, um zu begreifen,
welche neue Zeit angebrochen war.

Das berühmte Cover für
die erste LP der Velvet
Underground, im Origi-
nal mit abziehbarer Ba-
nanenschale aus Klebe-
folie. Die Banane war in
Pink gedruckt.

Andy Warhol strebte nicht
einfach nur nach einer neuen
Kunstform, die die alte ablö-
ste, er lebte Pop und arbeitete auch künstlerisch so. Die
Clique um ihn herum nahm
die neusten Mode- und Mu-
siktrends auf, ging zu Lesungen und Filmvorführungen,
zu Ausstellungseröffnungen
und Popkonzerten – alles
war gleich wichtig. Warhol
interessierte sich für Vieles
geradezu spontan und setzte
die einströmenden Ideen so-
fort um, ob mit der Filmkamera, mit der Polaroidkame-
ra, dem Siebdruck oder in Form einer Party. 1964 wurde die »Factory«, wie sein Atelier nun genannt wurde,
zum kreativen »melting pot« von New York. Das silber-
ne Interieur, Warhols schrille Entourage aus Transvestiten, Models, Künstlern und Möchtegernpoeten, die vielen Besucher aus Europa und die Berühmtheiten aus
der Popszene machten die Factory zu einem bis heute
mythischen Ort. Was sich dort hochverdichtet abspiel-
te, geschah mehr oder weniger in ganz New York, an
der ganzen Ostküste, schließlich überall in den USA:
Beat- und Soulmusik, Mod-Style, amerikanischer Alltag, die Visualität der Massenmedien und Drogen verdichteten sich zu einem neuen Level von Pop: Pop wurde nun bewusst erlebt, genossen und zelebriert. Was
vorher ein unbewusster Gebrauch einzelner Popele-

mente war (Musik, Verhalten,
Technik), war zu einem inszenierten, selbstbewussten
Lebensstil weiterentwickelt
worden, den unzählige Menschen, ob Teenager oder junge Erwachsene bis zum Alter
von 40 Jahren kopieren bzw.
adaptieren wollten, so attraktiv schien er zu sein.

Warhol kreierte eine neue
Form von Film, eine Mischung
aus Fotografie und Cinema vérité: Eine einzige Einstel-

Beatlemania stellte alles
in den Schatten, was man
von Frank Sinatra und
Elvis Presley gekannt
hatte.

lung dauerte über die gesamte Länge der Filmkassette
an und zeigte meist nicht viel mehr als ein Gesicht
oder eine Handlung (Schlaf, Kuss): banal, narzisstisch.
Warhol mochte das Etikett »Underground Film« nicht,
sondern fand das, was er machte, ganz selbstverständlich. – Wieso war vor ihm noch niemand darauf gekommen? Die Attraktivität der Factory brachte immer neue
Menschen in seinen Dunstkreis. 1965 wurde Warhol
auf eine Band aufmerksam, The Velvet Underground.
Er protegierte die Band und konzipierte eine psychedelische Multimediashow »Exploding Plastic Inevitable«,
die die Band im Konzert begleitete. Er gestaltete das
Cover ihrer ersten LP, die berühmte Banane, in der Ori-
ginalversion ein abziehbarer Sticker. Die Gegenleistung
der Band war die Verpflichtung des deutschen Models
Christa Päffgen, genannt Nico, als Sängerin.

Die British Invasion

1963 war ein entscheidendes Jahr in der Geschichte
des Pop – es war sein weltweiter Durchbruch. Musikalisch hatte sich der Liverpool-Sound in ganz England
durchgesetzt, The Beatles, The Animals, The Rolling
Stones, The Dave Clarke Five, Herman's Hermits etc.
waren nationale Acts, die auf den internationalen
Durchbruch hofften. In den USA hießen die neuen

Sounds Soul und Surf Music. Jenseits der Musik hatten verschiedene Medien eine ästhetische Revolte erlebt und schienen mit dem Lebensgefühl, dem Zeitgeist auf einer Welle zu schwimmen. Schnell und vergänglich, bunt, lustig, sinnlich, ekstatisch – unter diesen Vorzeichen entwickelten sich die Mode, das Design, das Kino und alle, die in irgendeiner Weise für die Medien arbeiteten: Fotografen, Grafiker, Artdirectors, Autoren, Journalisten, Fernsehleute, Schauspieler, Musiker. Nur so ist zu verstehen, warum die sogenannte »British Invasion« so erfolgreich sein und sich die Beatlemania nahezu weltweit ausbreiten konnte.

Britische Interpreten waren zwischen 1960 und 1964 international sehr erfolgreich gewesen – sie konnten die amerikanischen Acts in den USA zwar nicht ganz aus den Charts verdrängen, aber der Brite Cliff Richard hatte 1963 Elvis Presley als meistverkauften Sänger abgelöst. Das zeigt nur die Aktualität der britischen Popmusik, die sich zu großen Teilen natürlich amerikanischen Songmaterials bediente. Die entscheidende Wende brachte die Welle der britischen Bands, die offensichtlich den Nerv der Zeit, und das heißt der Teenager, getroffen hatte. Ein neuer Typ stand auf der Bühne, kein Rock 'n' Roller, sondern smarte weiße Boys, die im modischen Mod-Look oder in Anzügen kontrollierte Ekstase praktizierten.

Die Invasion der Beatles war medial gut vorbereitet worden, sodass das US-Publikum nach dem neuen Sound aus England geradezu gierte. Als die Beatles im Februar 1964 bei Ed Sullivan auftraten, sahen 73 Millionen Menschen zu, eine Woche später, bei ihrem zweiten Auftritt an gleicher Stelle, waren nicht nur zwei Singles, sondern auch die erste Beatles-LP auf die oberen Ränge der US-Charts geklettert. Jenseits ihrer späteren Erfolge und musikalischen Konzepte waren die Beatles als Speerspitze der British Invasion und als Auslöser der Beatlemania bereits damals Heroen. Was die British Invasion so bemerkenswert macht, ist die »Gleichschaltung« europäischer und amerikanischer Hör- und Sehgewohnheiten bei der Zielgruppe der Teenager. Diese globale Ausrichtung gab dem Pop genug Kraft, jeden Bereich des kulturellen und gesellschaftlichen Lebens zu affizieren. Selbst Politiker suchten die Nähe der neuen Stars, nicht nur die Beatles wurden vom englischen Königshaus der Deviseneinnahmen wegen geehrt. Mit der Durchsetzung des Fernsehens und dem wirtschaftlichen Aufschwung in den westlichen Ländern erfolgte eine Liberalisierung und Ästhetisierung der Lebensverhältnisse, als wolle der Westen die dunkle Zeit des ersten halben Jahrhunderts komplett wegräumen und dafür eine neue, bunte, heitere Welt erfinden.

Ready, steady, go!
Im Nachhinein mag es so erscheinen, als sei die British Invasion bzw. die Beatlemania widerstandslos und medial unterstützt vonstattengegangen. Dem war nicht so; seltsamerweise

weigerte sich gerade die BBC im Mutterland des Beat, diese Musik zu spielen. Das rief einige Enthusiasten und Subversive auf den Plan, die auf Leuchtfeuerschiffen und ehemaligen Befestigungsanlagen aus dem Zweiten Weltkrieg Piratensender einrichteten. Radio Caroline und Radio Sutch, von dem Exzentriker Screaming Lord Sutch gegründet, spielten zwischen 1960 und 1964 die Musik, die die etablierten Sender ignorierten. Die BBC erkannte, dass sie nicht ewig abseitsstehen konnte:

Ready Steady Go-Moderatorin und Role Model Cathy McGowan mit dem Artdirector dieser visuell innovativen Sendung. Foto Courtesy ITV

Mit dem Erfolg der Beatles besann sie sich, stellte ein paar neue DJs ein und sprang auf den Popzug auf.

Da die Programmmacher diesseits und jenseits des Atlantiks begriffen hatten, dass sie für ihre neue, riesige Zielgruppe Angebote schaffen mussten, die deren Ansprüchen gerecht wurde, entstanden zig neue Showkonzepte, die sowohl eine intime Klubatmosphäre, marktschreierisch dargebotene Hitparadenplatzierungen, als auch Go-go-Tänzerinnen und verrückte Bühnenarchitekturen miteinander verbanden. Traditionell angelegte amerikanische TV-Shows wie die von Ed Sullivan, die von einer Mischung aus Comedy, Varieté, Tanz, Orchester und Einzelinterpreten lebten, wurden durch jugendlichere Formate wie »American Bandstand« ersetzt. Das Ambiente war nun komplett modern, die Go-go-Girls knapp bekleidet und sexy, der Host der Show sagte die Interpreten an, die ihre Hits teils von der Bühne, teils direkt inmitten der tanzenden Gäste sangen. Diese Live-Inszenierung wurde ein Merkmal jener neuen Shows, die den Teenagern das Gefühl von Authentizität und Live-Charakter vermitteln wollten. Die von den Firmen Ampex (1956) und Telefunken (1959) entwickelten Videobandmaschinen (MAZ) ermöglichten außerdem neue Bildeffekte, die durch Überblendungen, Mehrfachkopierungen und die Mischung aus vorproduziertem und Live-Material erzeugt wurden. Das Fernsehen bekam einen Hauch Kreativität und bildnerische Möglichkeiten, die der Kinofilm bis dato nicht hatte. Das Fernsehen war auf dem Weg, das Leitmedium für Pop zu werden.

In Großbritannien startete 1963 die TV-Show »Ready Steady Go!«, ein Jahr später die nicht minder legendäre Sendung »Top of the Pops«. Die »RSG«-Moderatorin Cathy McGowan wurde ein Trendsetter für Mod-Mode und dadurch selbst ein Star. Während der kurzen Lebenszeit beider Sendungen (bis 1966) traten nahezu alle wichtigen britischen Bands und Solisten dort auf.

Willkommen im Beat-Club

Deutschland hinkte der Popmediatisierung weit hinterher. Vor der Beatlemania hatte eigentlich niemand wahrgenommen, dass die Beatles bereits zwischen 1960 und 1962 in Hamburg ständige Auftritte hatten. Zu den Möglichkeiten, Popmusik im Radio zu hören oder als Schallplatte zu erwerben, gehörten die in Deutschland stationierten Soldaten aus den USA und Großbritannien. Ihre Radiosender spielten die aktuellen Hits aus den amerikanischen und britischen Charts. In Regionen mit Garnisonen bestand sogar die Aussicht auf den Erwerb von Schallplatten. Die Abwanderung der jugendlichen Hörer im Alter von 14 bis 34 Jahren zu Soldatensendern wie BFBS (British Forces Broadcasting Service) oder AFN (American Forces Network), zu Radio Luxemburg oder verschiedenen Piratensendern war ab 1960, verstärkt mit Aufkommen der Beatmusik ab 1963, nicht mehr zu ignorieren – es spiegelte sich auch in der Hitparade und damit in den Plattenverkäufen.

1965 beauftrage Radio Bremen den Redakteur Michael Leckebusch und den Discjockey Gerhard Augustin, ein TV-Konzept für eine Popshow zu entwickeln. Das Sendeformat war am Vorbild der amerikanischen Show »American Bandstand« orientiert, wo Interpreten Playback sangen und die Live-Atmosphäre durch tanzende Jugendliche hergestellt werden sollte. Dieses Format stieß bei vielen Erwachsenen auf komplettes Unverständnis und auf Ablehnung, während die jugendlichen Zuschauer damit kein Problem hatten, denn die Auftritte klangen identisch mit den Aufnahmen auf Platte daheim und im Radio. Am 25. September 1965 wurde die erste Sendung live ausgestrahlt. Die Reaktion des älteren Publikums fürchtend, kündigte der spätere Tagesschausprecher Wilhelm Wieben den »Beat-Club« mit einer Vorwarnung für die Eltern an und bat um Verständnis für die Musik und die Jugend. Durch die Sendung führte das Moderatorenpaar Uschi Nerke und

Gerhard Augustin (bis Folge 8, danach übernahm der »Piraten«-DJ Dave Lee Travis). Das Format beinhaltete Live-Auftritte vor Publikum, Einspielfilme (»Inserts«) bekannter Künstler und Go-go-Girls als Blickfang. Insgesamt waren für die erste Folge 150 Jugendliche aus Augustins Bremer »Twen Club« sowie Freunde und Bekannte von Mitarbeitern des Senders eingeladen.

Sound and vison, 2: Scopitone etc.

Auch für die Jugendlichen, die zu Hause keinen Fernseher zur Verfügung hatten oder die einander außerhalb der heimischen vier Wände treffen wollten, war gesorgt. Der 16-mm-Magnettonfilm, der vor allem für Nachrichten, Reportagen und Dokumentarfilm eingesetzt wurde, war ideal geeignet, um Bild und Ton auf einfache Weise synchron abzuspielen. Unter dem Namen »Scopitone« wurden Jukeboxes produziert, die kleine Promotionfilme abspielten, die Vorläufer des Musikvideos. Besonders verbreitet waren die Scopitones in Frankreich (Serge Gainsbourg und Johnny Hallyday sind die ersten, die das Medium nutzen), aber auch in anderen Ländern, darunter England, Deutschland und die USA, wo man 1964 etwa 500 davon installiert hatte. Das Interessante an dieser untergegangenen Technik ist die dahinterstehende Absicht, die Popmusik adäquat visuell, also filmisch umzusetzen. Die in einem Jahrzehnt entstandenen Promotionsfilme für die Scopitones entwickeln und enthalten genau die Filmsyntax, die bis in die 1990er-Jahre hinein für Videoclips und andere Inszenierungen von Popmusik essenziell geworden ist.

Mit immer mehr TV-Shows im Angebot konnte es für Interpreten

Ein Scopitone, ca. 1960

schwierig werden, in jeder Sendung live dabei zu sein, manchmal war es auch sinnvoll, sich optisch von den anderen Live-Acts abzusetzen. Für diesen Fall produzierten Plattenfirma und / oder Management Promotion-Clips, die sogenannten »Inserts«, die jenseits des Fernsehens auch im Scopitone verwendet werden konnten. Die Qualität dieser Inserts war in der Regel sehr hoch, im Kinoformat gedreht und von talentierten Regisseuren inszeniert. 1965 begannen die Beatles mit der Produktion solcher Clips, vor allem, um die TV-Sender in den USA zu bedienen.

Mit der fortschreitenden Entwicklung der Musik wurden auch die Promotion-Clips immer ausgefeilter und experimenteller, insbesondere zur Zeit der psychedelischen Einflüsse. Der Promotion-Clips war zu einer eigenen Pop-Art geworden, mit Einflüssen aus dem Experimental- und Avantgardefilm, dem Fernsehen und dem Kino. Es war das kongeniale Mittel, um die Musik in Bilder und Stimmungen zu übersetzen und eine Botschaft jenseits des gesungenen Texts zu vermitteln.

Minikleider von Mary Quant, 1966

Zwischen London und Paris

»Mode« war bis 1960 den großen Couturiers in Paris vorbehalten gewesen; an ihren Entwürfen orientierte sich in der Folge auch die gesamte Konfektionsware. Mode für Jugendliche gab es nur als Miniatur-Variante der Erwachsenen-Ausführung – Alltagskleidung orientierte sich am »klassischen« englischen Stil des Landadels bzw. der amerikanischen Ostküsten-Upperclass. Die für die 1960er-Jahre wichtigen Neuerungen sowohl in der Männer- wie in der Frauenmode sind Adaptionen subkultureller Eigenarten (Mods) und Kreationen von Designern wie Mary Quant, die im London der frühen 1960er-Jahre für ein ausgesucht fortschritt-

Françoise Hardy in einem Metalldress von Paco Rabanne. Foto von Jean-Marie Périer

liches, jugendliches Publikum produziert. Die zunehmende Berufstätigkeit der Frau ließ keine langen Röcke zu, insofern wanderte der Saum immer höher Richtung Knie und darüber. 1964 präsentierte Mary Quant den Minirock (angeblich ist der Name vom gleichnamigen Auto inspiriert), kurz darauf eine aus PVC gefertigte Kollektion. Ihre Mode gilt als der Inbegriff des frühen Swinging London (wo sie ihre erste Boutique bereits 1955 auf der King's Road eröffnet hatte). Kongenial zu Quants Entwürfen wurden die Frisuren von Vidal Sassoon zu Trends der Zeit, allen voran der Bob-Schnitt.

André Courrèges prägte die Mode der 1960er-Jahre mit seinen futuristischen, an die Raumfahrt angelehnten Entwürfen. Courregès, der ursprünglich Bauingenieurwesen studiert hatte, experimentierte mit geometrischen Schnitten und modeuntypischen Materialien wie Aluminium und Plexiglas. Courrèges führte den Minirock, den Mary Quant in London zu einem Teil der Straßenmode gemacht hatte, in die Pariser Haute Couture ein. 1965 lancierte er den Mondmädchen- bzw. Space-Look, der gemeinsam mit dem Space-Design der Zeit ein fantastisches Gesamtbild von der Zukunft entwarf. Paco Rabanne machte sich 1965 selbstständig und wurde kurz darauf durch die futuristischen Entwürfe für den Film »Barbarella« berühmt. Rabannes Spitzname »der Klempner« rührt von seinen Entwürfen mit Metallteilen und Kettenverbindungen her. Yves Saint Laurent darf man natürlich nicht vergessen, wenn es um die Mode der 1960er Jahre geht: 1965 führte er den geometrisch-strengen »Mondrian-Look« in die Mode ein, nachdem er kurz zuvor mit transparenten Materialien für Aufsehen gesorgt hatte. Laurent ist vermutlich der am wenigsten poppige Couturier, auch wenn er sein Leben lang bedauerte, kein Beatnik geworden zu sein.

Die Mode der frühen 1960er-Jahre war figurbetont, aber schmal, das heißt, sie entsprach nicht mehr dem amerikanischen Schönheitsideal von opulenten weiblichen wie männlichen Formen. Die weiblichen Models wurden extrem schlank mit kleinen Oberweiten; in Kombination mit einem Kurzhaarschnitt ergab das einen Trend zum Androgynen.

Blowup

1966 drehte der italienische Regisseur Michelangelo Antonioni in London den Film »Blowup / Blow Up« nach einer Erzählung von Julio Cortázar. Hauptfigur ist der Fotograf Thomas, der dem damaligen Starfotografen David Bailey nachgebildet ist. Thomas fotografiert ein Paar im Park und glaubt später beim Vergrößern

Veruschka von Lehndorff, echtes Supermodel der Sixties, spielt in »Blowup« sich selbst. David Hemmings ist der Fotograf Thomas.

der Negative festzustellen, dass er einen Mord fotografiert hat. Der Film verfolgt das Spiel mit der Wahrnehmung (Was ist wahr? Was sehen wir wirklich?) vor dem Hintergrund der Swinging Sixties in London. Antonionis Film ist kein echter Popfilm, aber eine herausragende Inszenierung der Londoner Popwelt und -szene. Darin ist der Fotograf so etwas wie der Popberuf schlechthin: Ein Mensch, der Bilder macht, die Welt interpretiert, Images erzeugt. Nicht bloß der Hunger nach immer mehr Bildern in den Medien, sondern vor allem nach anderen, nach neuen Bildern macht den Fotografenberuf in den 1960er-Jahren so attraktiv und einflussreich. Die neue Sicht der Dinge hieß auch, Modestrecken wie Sozialreportagen zu fotografieren, im Studio aberwitzige Installationen zu kreieren, mit Weitwinkel- und Teleoptiken zu experimentieren, sich vom High-class-Stil der 1950er-Jahre zu befreien. David Bailey war einer der ersten Fotografen, der, zunächst für die britischen Magazine »Look« und »Town«, seine Vorstellungen umsetzen konnte und damit zu einer Koryphäe seines Metiers wurde. Sein Studio wurde zum Treffpunkt der In-Crowd der Swinging Sixties, er porträtierte die Beatles, die Stones, Filmschauspieler, Regisseure, It-Girls, Künstler.

Leslie Hornby machte als Twiggy Karriere und wurde zum ikonischen Gesicht der 1960er-Jahre. Foto von Tessa Traeger

Popmodels

Vorläufer des Models war das Mannequin, eine junge Dame, die Haute Couture oder Prêt-à-porter im Modehaus oder auf Schauen vorführte. Ende der 1950er-Jahre trennte sich der Beruf in die reinen Fotomodelle und die

Mannequins. Der statische Look, teilweise bedingt durch die technischen Möglichkeiten der Fotografie, wich um 1960 immer mehr einer dynamischen Inszenierung »on location« (Szene auf der Straße, im Café etc.) oder im Studio. Die neuen Elektronenblitzgeräte machten »eingefrorene Bewegungen« möglich. Der Typus des Models änderte sich: Sie wurden jünger, weniger aristokratisch, burschikoser, manchmal auch androgyner und schlanker, mit weniger Oberweite. Jean Shrimpton, von David Bailey entdeckt und in den frühen 1960er-Jahren bevorzugt eingesetzt, war das erste Topmodel des Pop. Von Antonioni in »Blowup« verewigt wurde »Veruschka« (von Lehndorff), ein deutsches Model, das international arbeitete. Peggy Moffat wurde als Monokini-Model schlagartig bekannt; ihr exzentrisches, expressives Make-up und ihr Posing waren einzigartig. Nico, die spätere Sängerin von The Velvet Underground, hatte in den späten Fünfzigerjahren zu modeln begonnen (sie spielt sich selbst in Fellinis »La Dolce Vita / Das süße Leben«, 1960) und gehört damit schon fast zur Vorgängergeneration der Popmodels. Bekanntestes Gesicht der Epoche ist jedoch Twiggy, die mit knabenhaftem Körper und trendigem Kurzhaarschnitt den Status des Fotomodels nachhaltig beeinflusste. Ihr Posing war gewollt staksig, unbeholfen, kindlich, betont durch die großen Augen, die zusätzlich expressiv geschminkt waren.

Produktform: Popdesign

Die Produktgestaltung in den USA und in Europa stützte sich nach 1945 auf zwei Traditionslinien: das amerikanische Streamline-Design der 1930er-Jahre und das funktionalistische Design, wie es im Bauhaus und später an der Hochschule für Gestaltung (HfG) Ulm gelehrt wurde. Das stromlinienförmige, weiche amerikanische Design, das als Nierentisch-Form in den 1950er-Jahren auch in Deutschland bekannt wurde und das kantige, rationale Design des Funktionalismus

Gartenei von Peter
Ghyczy, 1968

vertrugen sich schlecht. Vor allem lag die Wertschätzung der Kritik und des offiziellen Geschmacks beim kantigen, schlichten Design, während die schmeichelnde Form des Streamline als Styling abqualifiziert wurde. Das europäische Design wollte zeitlose Formen, die ganz dem Funktionalen verpflichtet waren – das amerikanische Styling wollte Formen, die dem Konsumenten etwas versprachen, ihn träumen und hoffen ließen. Sie waren nicht für die Ewigkeit gedacht, sondern für den Moment. Insofern war es naheliegend, dass sich ein am Zeitgeist orientiertes Design besser mit Pop vertragen würde als die Stereoanlage von Braun.

Pop gegen Ulm

Die zeitgenössische Designtheorie steht 1960 noch ganz klar auf der Seite eines mäßig aufgeklärten Establishments, das zwar einen nicht mehr haltbaren Historismus und Traditionalismus ablehnt, aber der Formensprache und schließlich dem funktionalen (puritanischen) Anspruch der heroischen Epoche des Funktionalismus treu bleibt. Ob es sich nun »Gute Form« oder »Schöner Wohnen« nennt, das modernistische Design der ersten Hälfte der Sechzigerjahre folgt den Qualitätsansprüchen einer historisch gewordenen, fast schon mythischen Epoche – die Moderne ist Geschichte. Zumindest in Deutschland, der Schweiz und den skandinavischen Ländern kennt das Design keine Spielerei, keinen Humor und keinen Sex-Appeal. Design im europäisch-emphatischen Sinn bleibt ein Differenzierungskriterium des Establishments. Die niederen Affekte überlässt man den Stylingabteilungen, auf die die »Gute Form« herabschaut. Diese aber erzeugen das Material, das nicht nur Wünsche weckt, sondern auch die Sehnsucht des Massenpublikums befriedigt und letztlich das Rohmaterial für die Popkultur bildet. Das, was dann zwischen 1967 und 1975 als Popdesign tituliert wird, entspringt zum einen einer scheinbar zwanghaften Gegenläufigkeit zum vorherrschenden abgemilderten Funktionalismus bzw. internationalen Stil der frühen 1960er-Jahre. Doch das allein wäre ein verkürzter ästhetischer Beweggrund, der den Kern der Sache verfehlt. Viele Objekte des Popdesigns beziehen sich auf ein schon tatsächlich verändertes, zumindest jedoch veränderbar geglaubtes Verhältnis von Menschen miteinander: Kleinfamilie, Ehe, Monogamie, patriarchalische Strukturen als Instrumente des Establishments haben ausgedient. Popdesign ist daher zum anderen ein genuines Design im klassischen Sinn: die Gestaltung von Lebensverhältnissen mit dem Anspruch, real existierende Wünsche, Sehnsüchte und Träume in das Design einzuarbeiten und Projektionsflächen für ein Massenpublikum zu schaffen. Jugendkultur und Popkultur wollen gelebt werden; das Design kann sich daher nicht allein nach funktional-ergonomischen Kriterien richten, sondern gestaltet Objekte, deren Ästhetik eine Haltung mit einschreibt. Also entwirft man Wohnlandschaften statt Sofagruppen; es entstehen Betten als neue Altäre, auf denen der Liebe gehuldigt wird; es gibt Sessel und Sitzgelegenheiten, die zum »Fläzen« einladen, zum lässigen, unhierarchischen miteinander Herumhocken; es gibt – der Lavalampe sei Dank – Licht, das sich selbst inszeniert und nicht nur leuchtet; es gibt Farben, die gar nicht erst so tun, als wollten sie sich vernünftig in ein bestehendes Ambiente einpassen, sondern die nach noch mehr Farbe und Ornament schreien. Bei all diesen Neuerungen darf man nicht vergessen, dass Popdesign, von wenigen Ausnahmen abgesehen, nicht primär für Jugendliche und ihre Popkultur gemacht wird, sondern für Twenty- und Thirtysomethings: für eine aufstrebende, nicht-traditionelle, medienbewusste, urbane Klientel, die sich zwischen 1967 und 1975 auf der Höhe der Zeit bzw. mittendrin, als In-Crowd empfindet. Für sie ist Pop der unbeschwerte Umgang mit den Objekten des Alltags, ein Stil- und Materialmix, den auch avancierte Einrichtungsberater propagieren. Um noch einmal die Independent Group zu zitieren: »For today we collect ads«, will heißen: Die Auswahl ästhetischer Objekte hat sich geändert. Es muss kein Original, kein Kunst-druck oder wenigstens ein Druck mit kunstgeschicht-lich wertvollen Motiven sein: eine Afri-Cola-Farbanzei-ge, ein Werbeplakat für Zigaretten oder ein Filmposter tun es auch. Es ist ein neuer unbeschwerter Umgang mit Dingen, deren Anordnung im Raum bis dato be-stimmten Codes folgen musste, nämlich denen des Establishments. Und es ist die Abkehr von den Nor-men eines Bürgertums, die als nicht mehr zeitgemäß, als lebens- und lustfeindlich erkannt werden. Der neue Horror Vacui der 1960er- und 1970er-Jahre ist der Re-flex auf die vordergründige Aufgeräumtheit des Funk-tionalismus, auf die Ideologie des Primats der Zweck-mäßigkeit. Das Ordnungsprinzip des »weniger ist mehr« kehrt sich ins Gegenteil um: je mehr, je besser.

Joe Colombo war der wichtigste Designer der Pop-Ära. Hier das Space-Ambiente »Visiona« für Bayer von 1969

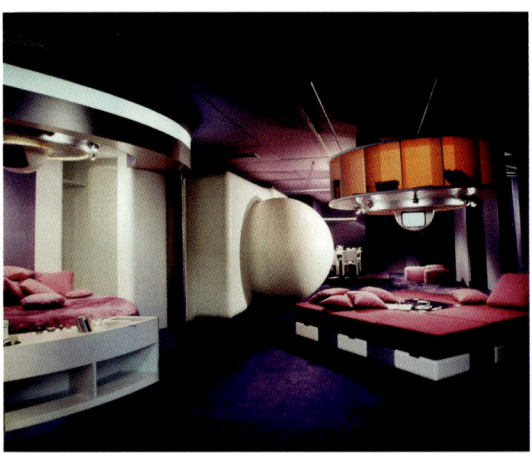

Die Kartografie des Popdesigns erstreckt sich zwischen den Polen rund, weich, bunt, transportabel, metaphorisch und spielerisch. Der Paradigmenwechsel wird vielleicht nirgends so deutlich wie in der Abkehr vom rechten Weg – vom geheiligten rechten Winkel. Die harte Kante der Rationalisten verformt sich zur Rundung, zum biomorphen Objekt, letztlich zur Kugel. Verner Pantons farbenfrohe Wohnlandschaft »Visiona 2«, im Auftrag von Bayer (Kunststoffe, Kunstfasern) zur Möbelmesse 1970 entworfen, gleicht einer Reise in den Uterus. Luigi Colanis Kugelküche für Poggenpohl von 1970 ist die Kommandozentrale des Raumschiffs Pop, das ebenso gut ins All wie zur Reise durch den eigenen Körper starten könnte. Sogar die Automobilindustrie steuert ein echtes Popobjekt bei: Der Opel GT von 1968 bricht mit der seit 1964 vorherrschenden »Linie der Vernunft« und schwelgt in Rundungen, die man bis dato nur von italienischen Supersportwagen kannte. Der Opel GT ist echter Pop: ein Lebensgefühl in Form gebracht, auf Massenfertigung angelegt, sexy und für jeden erschwinglich.

Apropos Sex: Die eingeforderte Erotik und neu definierte Nähe der Dinge zu den Menschen und der Menschen zueinander materialisiert sich in Sesseln, die als draller weiblicher Körper zum Verweilen im Schoß einladen oder sich direkt als überdimensionales Körperteil anbieten. Weiche Möbel, die ihre Form verändern, um sich dem bzw. den Körpern anzupassen und die mit Luft, Wasser oder Styropor gefüllt werden: aufblasbare Möbel, Wasserbetten, Sitzsäcke.

Plastic is fantastic

Der Werkstoff, der das möglich macht, ist das Plastik, der Kunststoff. Ein Material, das quasi immateriell ist, an keine Form gebunden, von keinem Naturgesetz limitiert. Zumindest in der deutschen Sprache liegt eine gewisse Ironie darin, dass »Plastik« sowohl ein Synonym für den Werkstoff und als auch für das Ergebnis

Kunststoffe, insbeson-
dere Plexiglas, sind im
Popdesign der Werkstoff
par excellence: leicht,
formbar, egalitär, bunt
oder transparent. Foto
von Henry Clarke 1963

bildhauerischer Tätigkeit ist; der etwas hilflose Begriff
»Kunststoff« wiederum evoziert das Künstliche genauso wie das Künstlerische und ist dadurch eine schöne
Entsprechung zur Epoche der Pop-Art. Kunststoff und
Transistor bzw. elektronischer Schaltkreis versetzen
dem Dogma des »form follows function« in den Sechzigerjahren den Todesstoß: Alles kann in jede beliebige,
in jede gewünschte Form gebracht werden. Der französische Philosoph Roland Barthes schreibt 1958 pro-
phetisch: »Das Plastik geht gänzlich in seinem Gebrauch auf; im äußersten Fall würde man Gegenstände
erfinden, um des Vergnügens willen, Plastik zu verwenden.« Genau das ist Popdesign; der Kunststoff ist seine
Materie. Kunststoff ist leicht; das unterstützt den
Trend zum mobilen, flüchtigen Wohnen. Kunststoff ist
bunt; das kommt der neuen Farbigkeit entgegen, die
sich mit der Popkultur breitmacht. Kunststoff ist billig,
weil die Produkte in Serie gefertigt werden; das kommt
jugendlichen Konsumenten entgegen und denen, die
einfach öfter mal was Neues wollen und nach der Devise »ex und hopp« leben. Kunststoff ist neutral; er nivel-
liert Schranken und Klassen ob seiner absoluten, ge-

reinigten Modernität. Bei einem Holzmöbel konnte man Kennerschaft beweisen, konnte man sagen »billig nachgemacht« oder »exquisit gearbeitet«. Bei Kunststoff ging das nicht. Kunststoff ist immer künstlich, industriell gefertigt, anonym. Es gibt kein Original, die Serie zählt.

Mit dem Prinzip Pop verändert sich auch das Entwerfen, ja der Entwerfer selbst ist ein neuer Typus. Nicht mehr der klassisch ausgebildete Ingenieur, sondern ein Allround-Gestalter, ein »Designer«, wie er jetzt heißt, der problemlos vom Grafikdesign zur Formgebung wechselt, heute ein Zeitschriftencover layoutet und morgen eine Sitzgelegenheit entwirft. Die Popexistenz par excellence unter den europäischen Designern ist Joe Colombo. Auf dem Zenit seines Erfolges stirbt er 1971 mit nur 41 Jahren. Er entwirft nicht nur Zeitgeist, er lebt ihn und tritt wie ein Popstar früh ab.

Pop ist in Deutschland Importware. Erst in den späten 1960er-Jahren entwickelt sich zaghaft eine eigene deutsche Popkultur, die sich aus äußerst heteronomen Ansätzen (Politik, Esoterik, alternative Lebensentwürfe) speist und angesichts der medialen und ökonomischen Übermacht anglo-amerikanischer Vorbilder keine ästhetischen Gegenentwürfe lancieren kann, die ebenso wirkmächtig werden. Es sind die chemische und die Möbelindustrie, die dem Popdesign in Deutschland nicht zuletzt durch die jährlich stattfindende Möbelmesse wenn nicht zum Durchbruch verhelfen, so zumindest für ein internationales Echo sorgen. Die »Visiona«-Landschaften von Verner Panton und Joe Colombo gelten bis heute als Inkunabeln des Popdesigns, als vergangene Ausflüge in eine Zukunft, die, wie wir heute wissen, so nicht stattgefunden hat. Luigi Colanis Kugelküche schaffte es nicht bis in deutsche Reihenhäuser, sondern nur Solitäre wie sein Kinderstuhl »Zocker« oder eben Sitzsäcke, Polsterelemente, Lampen und Kleinteile zahlreicher unbekannt gebliebener Designer.

Für den deutschen Alltag war es symptomatisch, dass Popdesign bei der eigentlichen Zielgruppe, den Jugendlichen, als »Bravo«-Starschnitt, Nippes-Accessoire und vielleicht noch Sitzsack ankam, während die ausgefeilten Entwürfe einer liberalen Klientel vorbehalten blieben, die aus dem biografischen Abschnitt Jugend heraus war, aber von einem gesamtgesellschaftlichen Jugendzentrum träumte – vielerorts verwirklicht in einem eigens dafür erfundenen Raum, dem Partykeller. Dies ist der Ort, an dem Pop in Deutschland zu sich selbst kommt, wenn auch in Formen, die in der Mehrzahl keinen Eingang in die Prototypensammlungen des vorbildlichen Designs geschafft haben. Der Partykeller ist schon deshalb der Popraum schlechthin, weil Pop seinem Wesen nach getanzt werden sollte und außerdem eklektizistisch und ahistorisch ist – man bedient sich fröhlich aus dem Fundus der Epochen. So treffen die avantgardistische Diagonaltapete, das Flohmarktfundstück und modisches Grafikdesign, in dem Jahrhundertwende-Typografie zitiert wird, unvermittelt aufeinander, ohne dass sich jemand daran stört – ganz im Gegenteil.

Wenn man sich von der Betrachtung der Einzelobjekte des Popdesigns ein wenig distanziert und sich stattdessen den möblierten Lebenswelten zuwendet, dann fällt ohnehin auf, dass Popkultur im Unterschied zu Popdesign einen enorm nostalgischen Zug hat. Belle-Époque- und Jugendstilelemente finden sich nicht nur im Grafikdesign, sondern auch als bunt überlackierte Stühle, Sammlerdosen etc. Der Wirtschaftsaufschwung hat es möglich gemacht, Altes aufzuheben und wiederzuentdecken, ohne dass es den Ruch von Armut hat – Nostalgie ist eine Luxusware. Als Beleg dafür mag der bei jedermann beliebte Citroen 2CV gelten: Die »Ente« genießt damals neben dem Opel GT ebenfalls Popstatus, und zwar ob ihrer nostalgischen Werte als zeitversetzt produzierter Oldtimer – Studentenleben, Gauloises und Paris sind im Preis inklusive.

Drive my car

Ein Auslöser für den Begriff »Pop« und seine Definition waren in den 1950er-Jahren die amerikanischen Straßenkreuzer gewesen, deren Hersteller von 1952 bis 1962 in den »fin wars«, den Flossenkriegen, verstrickt waren: Die Opulenz des amerikanischen Automobildesigns war es gewesen, die Europa vom American Way of Life träumen ließ; die Autos waren es gewesen, die viele Popkünstler zu Gemälden und Installationen angeregt hatten. In den USA wiederum erregten in den späten 1950er-Jahren einige europäische Autos Aufsehen, die ganz und gar unamerikanisch waren: schlank, effizient, funktional – und manchmal auch extrem aufregend. Vor allem natürlich italienische und englische Sportwagen, aber auch die neuen Kompakt- und Kleinwagen aus Europa, allen voran der VW-Käfer und der Austin Mini, machten Furore.

Dass einige Automobile der 1960er-Jahre zu wahren Popikonen mutiert sind, liegt natürlich mehr an ihrer medialen Präsenz in TV-Serien, Kinofilmen und als Staffage auf Plattencovern und Pressefotos als an ihrer tatsächlichen Popqualität.

Die Anzeigenkampagne für den VW Käfer in den USA (ab 1959) hatte selbst beinahe Kultcharakter ob ihrer formalen Qualitäten. Der Austin Mini wurde zum

Man musste ihn einfach gern haben: der 1959 präsentierte Austin Mini eroberte die Herzen im Sturm. Er wurde das Trendmobil in den Großstädten Europas.

schicken Stadtauto in den Metropolen Europas und zeigte außerdem auf der Rallyestrecke, dass er ein extrem schneller und wendiger Kraftzwerg war. Berühmte Schauspieler und Popstars fuhren Mini, wenn auch als Zweitwagen. Die James-Bond-Kinofilme, von Anfang an als Pop inszeniert, machten den Aston-Martin DB5 zur Ikone britischen Sportwagenbaus. Der Jaguar E-Type, nicht minder schnell und gut aussehend, aber um ein Vielfaches günstiger als der Aston-Martin, wurde – unterstützt durch einige Film- und Fernsehproduktionen, der Sportwagen der neuen Erfolgreichen.

Die Figur Emma Peel aus der TV-Serie »The Avengers / Mit Schirm, Charme und Melone« fährt Lotus Elan.

Der kleine Lotus-Elan von Emma Peel aus der TV-Serie »The Avengers / Mit Schirm, Charme und Melone« machte Furore, genauso wie der eigentlich für den Einsatz auf dem Bauernhof konzipierte Land Rover, der als ausgemusterter Jeep der Armee nun schrill lackiert den Hipstern und Hippies als Beförderungsmittel diente. Die Outdoor-Variante des Mini, der Mini-Moke, wurde das Kultauto an den Stränden und Erholungsgebieten des Jet-Set, nachdem ihn die britische Armee wegen Untauglichkeit abgelehnt hatte. In Deutschland und den USA brachte es der VW-Bus, kurz Bulli genannt, zu Kultstatus als ideales Beförderungs- und Wohnmobil für Hipsters, Hippies und Studenten.

1966: Pop wird erwachsen

Seit Elvis' erstem landesweiten TV-Auftritt im Januar 1956 war viel geschehen, aber die Veränderungen bewegten sich musikalisch in den Grenzen dessen, was Rhythm and Blues, Soul, Rockabilly, Folk und Rock 'n' Roll hergaben. Auf der Suche nach neuen Vermarktungsmöglichkeiten und Moden hatte man den Twist

ausgegraben und weltweit vermarktet. Dann kam die Bossano-
va-Welle aus Brasilien, die eher
ein gediegenes erwachsenes Publikum ansprach. Die British Invasion von 1964 hatte den Rhythm
and Blues wiederbelebt und die
Originale oft an Schnelligkeit,
Härte und Deutlichkeit übertrof-
fen. Der Beat war die melodische,
oft auf Harmoniegesang basie-
rende Variante, die sich anderen
Stilen gegenüber öffnete. Nicht
nur die Beatles, auch die Kinks
und die Rolling Stones wechsel-
ten von puristisch instrumentier-
ten Balladen im Folkstil über harte, schnelle Bass-Gitarre-Schlag-

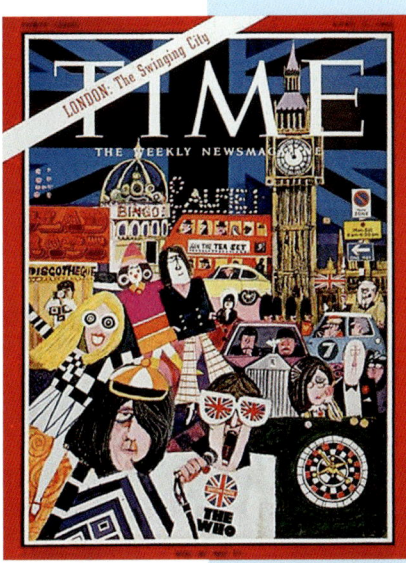

Das TIME-Magazine vom
15. April 1966 erklärte
der Welt die Londoner
Szene und die wichtig-
sten In-places.

zeug-Gesang-Nummern zu opulent orchestrierten Arrangements, die mit dem »klassischen« Popsong kaum
noch etwas zu tu hatten. 1966 fusionierte Pop in London und New York vom geschichtlich Zufälligen zum
gesellschaftlich Bestimmenden. Denn auch jenseits
der Musik änderten sich die Dinge: Pop war eine globale, zumindest westliche Bewegung geworden, die
peu á peu sämtliche Gestaltungsbereiche okkupierte.
Bereits zu Beginn der 1960er-Jahre hatten Designer
wie Joe Colombo und Ettore Sottsass eine »poppige«
Produkt- und Farbsprache entwickelt, die nicht von
dieser Welt zu sein, sondern direkt aus der Zukunft zu
kommen schien: kugel- und eiförmige Möbel, psychedelische Farbräume, weiche Lichtinstallationen, ver-
spielte Formen. Nach einem London-Aufenthalt 1967
hatte Sottsass in der italienischen Designzeitschrift
»Domus« den Artikel »Erinnerungen in Schlagsahne«
veröffentlicht, der eine radikale Abkehr vom Funktionalismus darstellte und eine Absage an ein überzeitli-
ches, gesellschaftsübergreifendes Design war. Mit

gleichgesinnten Formgestaltern und Architekten gründete Sottsass später die Gruppe »Memphis«, die mit ihren Anspielungen an die Popkultur und an Las Vegas zum Wegbereiter der Postmoderne wurde. Andere Design- und Architekturbüros in Italien

oder England nannten sich wie Popbands »Archigram« »Superstudio« oder »Zoom«.

Es war aber nicht allein das Bunte und Runde oder Weiche, was das neue Design der 1960er-Jahre so besonders und vor allem so Pop machte, es war vor allem der Kontext, in dem es präsentiert wurde. Joe Colombos Möbel standen in Räumen, die nicht der Standardwohnung entsprachen, sondern deren neues Wohngefühl aus einem ebenfalls neuen Lebensgefühl resultierte: Pop. Liege-, Liebes- und Schlaflandschaften, Fern-

Is it a bird? Is it a plane? No, it's Archigram! Architekten und Stadtplaner begreifen sich als Pop-Existenzen, als Gestalter.

sehen und Musikhören überall, Nasskabinen wie im Weltraum – die Zukunft war jetzt. Nicht zufällig ähneln viele Musterinterieurs den Raumschiffen in Science-Fiction-Filmen: Pop und Design waren eine neue Allianz eingegangen. Nach einem Jahrzehnt betonter Sachlichkeit, skandinavischen Hölzern und verchromtem Vierkantstahl kehrt mit dem Pop das Spielerische ein, kommen die Farben, schwellen die Rundungen, weichen die Verschlüsselungen dem Plakativen.

Die Mode hatte ihre eigenen Popformen gefunden und sich sowohl von der Pariser Couture als auch vom amerikanischen Preppy-Style gelöst. Männer und Frauen tragen die Haare so lang oder so kurz, wie sie mögen. Die Empfängnisverhütungspille ist da; sie wird nicht nur diskutiert, sondern auch benutzt – Sex wird zu einem selbstverständlichen Bestandteil des gelebten Alltags. Der Song, der diese Revolution illustriert, heißt »Tomorrow never knows« und befindet sich auf dem Album »Revolver« der Beatles von 1966.

Ein Medium wandelt sich: das Album

Schallplatten-Single und Langspielplatte waren ursprünglich als Konkurrenzprodukte entwickelt und vermarktet worden. Doch bereits Anfang der 1950er-Jahre teilten sich beide die Aufgaben: Die Single wurde das Standardmedium für die Popmusik, die LP blieb dem Jazz, der Klassik und den Hit-Zusammenstellungen der Popkünstler vorbehalten. Bis 1964 folgte die Vermarktung von Popmusik einem einfachen Schema: Die Interpreten nahmen erst eine Single auf, bei Erfolg eine zweite. Konnte auch diese in der Hitparade platziert werden, folgte die nächste Aufnahme usw. Fünf bis sechs Singles ergaben inklusive der B-Seiten zehn bis zwölf Songs, die dann auf eine LP gepresst wurden, um zusätzliche Kaufkraft abzuschöpfen. Das Kalkül der Plattenindustrie bestand vor allem darin, die schnelle, aktuelle Single für einen Betrag an den Hörer zu bringen, den er von seinem (Taschen-)Geld problemlos bezahlen konnte, während die LP eher den gediegenen Sammler ansprach, dem Aktualität nicht so wichtig war wie Vollständigkeit. Dieses Schema wurde 1965/66 von den Beatles zum ersten Mal durchbrochen, als sie die LP »Revolver« einspielten. Auch wenn das darauf folgende Album »St. Pepper's Lonely Hearts Club Band« in der Literatur als Initialzündung für das sogenannte »Konzeptalbum« in der Popmusik gilt, so

Peter Blake gestaltete das Cover zu »St. Pepper's Lonely Hearts Club Band«, 1967.

ist bereits auf »Revolver« zu hören, dass die Songs keine Aneinanderreihung anderswo veröffentlichter Hits sind, sondern Songs mit verschiedenen Strukturen, Tempi und Charakteren, bis hin zum psychedelischen Experiment mit rückwärts eingespielten Bändern in »Tomorrow never knows«. Bereits mit »Rubber Soul« hatten die Beatles den bis dahin gültigen Kodex der Plattencovergestaltung verlassen, indem die Fotografie auf der Vorderseite verzerrt reproduziert wurde. Das ermutigte eine ganze Generation von Musikern und Designern, das traditionelle Schema von PR- oder Studiofotografie in Kombination mit standardisierter Plakattypografie zu verlassen.

»Revolver« ist das erste Plattencover, welches die Gestaltung eines Covermotivs als die eines genuinen Popmediums begreift und ernst nimmt. Es gibt keine Standards mehr, sondern die Gestaltung hat sich dem Sound, dem Feeling und dem Selbstverständnis der Interpreten anzupassen. Diese neue, selbstbewusste Art, mit der LP als dem Basismedium des Pop umzugehen, war dennoch naiv im Vergleich zu den darauf folgenden Beatles-Alben, die von den Großkünstlern des Pop Peter Blake und Richard Hamilton gestaltet wurden. Für »Sergeant Pepper« fertigte Blake eine Collage aus Hollywood- und Medien-Mythen an, ganz im Stil der frühen britischen Pop-Art. Das legendäre »The White Album / Das weiße Album« wird 1968 von Richard Hamilton als ein in die Tiefe gestaffeltes Gesamtkunstwerk konzipiert: ein weiß zellophaniertes, unbedrucktes, aber mit Nummernprägung versehenes Doppel-Cover, in dem vier Porträtfotos der Beatles, aufgenommen von Starfotograf Richard Avedon, und eine von Hamilton gestaltete Fotocollage im Posterformat stecken. Ein modernes Fetischobjekt im Stil und im Geist des Pop.

Nachdem die Beatles ab 1965 keine Live-Auftritte mehr absolvierten und sich musikalisch auf die Studioarbeit verließen, wurde die Bandbreite der musikali-

schen Einflüsse breiter; das Schema der kaum variier-
ten Tempi und 2-1 Strophenanordnung wurde von vielen Bands und Songwritern durchbrochen oder aufgegeben. Die LP hatte dem Pop neue Ausdrucks-
möglichkeiten gegeben – im Guten wie im Schlechten.
Von nun an konnten Stücke mit 25 Minuten Länge
oder eine Sammlung von Klangminiaturen, für die sogar eine Single das »falsche« Medium gewesen wäre,
veröffentlicht werden. Endlose Improvisationen – der
Beginn des Progressive Rock – und experimentelle
Strukturen waren nun möglich. Auch hier waren die
Beatles mit »The White Album« Vorreiter. Die Trennung
von Pop als neuer, fast schon wieder hochkultureller
Form und dem traditionellen Pop, der auf einem knapp
dreiminütigen Song basierte, war vollzogen. Innerhalb
des Pop spaltete sich der im Radio gespielte Mainstream von mehr intellektuellen oder analytischen Mu-
sikkonzepten ab.

Kulturkritik

Lange hatten die etablierte Kulturkritik und das Feuilleton dem Phänomen Pop ablehnend gegenübergestan-
den. Mit den Beatles veränderte sich das Verhältnis
von Ignoranz in Aufmerksamkeit und Akzeptanz, versehen allerdings mit dem Kriterienkatalog der Hochkultur. Plötzlich wurden die Beatles mit Beethoven und
der Hitparadenpop mit Mozart verglichen. Dass Pop
schnell und vergänglich war und sein wollte, blieb
schwer zu akzeptieren. Die für damalige Verhältnisse
sich fortschrittlich begreifenden Kritiker hatten sich
gerade dazu durchgerungen, bestimmten Formen des
Jazz das Etikett »seriös« zu verleihen, für den Pop galt
Zurückhaltung. Ob Film, Literatur, Musik, visuelle Formen – Pop wurde als ephemeres Phänomen gesehen,
dass sich mit der Zeit auswachsen würde, ganz so, wie
sein Publikum, die Jugend. Reyner Banham hatte dies
schon Ende der 1950er-Jahre vorausgesehen, als er
(auf das Design bezogen) formulierte, dass für die Ge-

genstände der Alltagskultur niemals die Urteile der klassischen Ästhetik gelten könnten. Konsumismus steht dem Wahren, Guten, Schönen diametral entgegen; Pop entwickelt eine Ästhetik, die für den Augenblick und die Oberfläche gemacht ist – die Werkkategorie der klassischen Ästhetik greift hier nicht. Pop lebt von Bezügen, Zitaten, Teamwork; das widerspricht dem bis in die Moderne gepflegten Konzept des originär schaffenden Künstlers. Von der Warte dieser elitären Kulturkritik herab bot Pop erst dann einen ernst zu nehmenden Bezugspunkt, wenn die Kritik Parallelen zur etablierten Kunst herstellen konnte.

Marshal McLuhan, kanadischer Kultur- und Medientheoretiker, 1966. Foto von Henri Daumann

Der kanadische Theoretiker Marshal McLuhan erkannte bereits 1960, dass eine neue Zeit angebrochen war, die das von den Traditionalisten als ewig postulierte Verhältnis von Form und Inhalt durcheinanderbrachte. Seine berühmte Formel, das Medium überbringe nicht bloß die Botschaft, sondern sei ihr Bestandteil, rückte die neue Welt der Medien in ein anderes Licht. Die traditionelle Ästhetik und Kulturtheorie hatten Medien, Kontext und Erwartungshaltung der Rezipienten wenn nicht ganz außer Acht gelassen, dann doch auf ein Minimum reduziert und den Fokus der Aufmerksamkeit auf das Werk und die Intention des Künstlers gelegt. Mit Massenmedien wie dem Fernsehen, das selbst über diverse »Formen« verfügt (Geräte, Sendeformate, Rezeptionsrituale), vor allem aber mit einer Kultur, die nicht dem konzipierten einzelnen Werk, sondern einem Set von Objekten innerhalb eines ausgewählten Kontextes Bedeutung zuschrieb, war die traditionelle Kulturkritik an ihrem Ende angelangt; nur wenige konnten sich von ihren Begrifflichkeiten und Denkmustern aus dem 19. Jahrhundert lösen.

Psychedelic

Die größte Erweiterung der visuellen Kultur wurde aber nicht von der Pop-Art geleistet, sondern von den vielen Grafikern, Künstlern, Fotografen und Filmemachern, die seit etwa 1964 in vielfältiger Weise an einer Ästhetik arbeiteten, die im tatsächlichen Sinn etwas mit Erweiterung von Wahrnehmung und tradierten Formen zu tun hatte: Psychedelic. Der Gattungsbegriff leitet sich von den bewusstseinserweiternden Substanzen her, die bereits in den 1950er-Jahren in subkulturellen Milieus kursierten: LSD, Acid, Marihuana, Haschisch. Die Erfahrungen damit waren beispiels

weise von Aldous Huxley bereits 1947 in »The Doors of Perception / Die Pforten der Wahrnehmung« literarisch verarbeitet worden. Die Beatniks, allen voran William S. Burroughs, hatten ihre Drogenexzesse in einer Art literarischem Rausch festzuhalten versucht. Viele Aufnahmen des Cool Jazz aus den 1940er- und 1950er-Jahren waren von Musikern eingespielt worden, die ständig oder zumindest zeitweise auf Drogen waren. Mit dem Rock 'n' Roll verbreitete sich das Kiffen in den USA – es waren nicht länger nur die Metropolen und Hafenstädte, in denen eine Pot-Szene zu Hause war, sondern für die neuen Stars des Pop gehörte der Drogenkonsum ebenso selbstverständlich zu ihrem Lebensstil, wie ihre Fans ihn wahrnahmen. Lediglich in

Der Dokumentarfilm »The Endless Summer« von Bruce Brown von 1964 war der erste psychedelisch angehauchte Surffilm. Jahrzehnte lang nur Insidern bekannt, ist der Film mittlerweile als Kulturgut eingestuft und in die National Film Registry der USA aufgenommen worden.

der visuellen Kultur waren die Drogen noch nicht angekommen.

Brion Gysin, ein Kanadier, der in den 1930er-Jahren in Paris den Surrealismus kennengelernt hatte, traf 1950 in Tanger die Beatniks um William S. Burroughs und freundete sich mit ihm an. 1958 ließen sich beide in Paris im »Beat Hotel« nieder, wo Burroughs an seinen Romanen »Naked Lunch« und »The Soft Machine« arbeitete. Gysin hatte durch den Marokko-Aufenthalt die Kalligrafie entdeckt; Kultstatus erlangte er jedoch durch den Entwurf der »Dream Machine« (1958 gemeinsam mit Ian Sommerville). Die Dream Machine ist eine stroboskopische Leuchte, deren mit Schlitzen versehene Hülle auf einem Plattenspieler befestigt und dann mit 45 oder 78 U/min »abgespielt« wird. Es geht jedoch weniger um die Lichtreflexe, die auf die Wände, Boden und Decke des Raumes projiziert werden, sondern um die Wahrnehmung der Farbimpulse mit geschlossenen Augen – am besten verstärkt durch Stimulanzien psychogener Struktur.

Das Flackern, Wabern und Reflektieren von farbigem Licht bildete die erste Quelle des psychedelischen Looks. Mit einer Öl-Wasser-Mischung präparierte Glasscheiben wurden in einen Diaprojektor gesteckt und erzeugten durch die Hitze der Projektionslampe ständig neue Muster. Im Experimentalfilm hatte es den »absoluten Film« oder »direkten Film« gegeben, bei dem das Filmmaterial nur von farbigem Licht getroffen oder die Negative zerkratzt, doppelt belichtet und übereinanderkopiert wurden, um neue visuelle Effekte zu erzielen. Der Einfluss des Zen-Buddhismus in der westlichen Welt trug zur Verbreitung von esoterisch-psychedelischen Experimenten bei.

Während die Pop-Art Elemente der Alltagskultur, vor allem aber der massenmedialen Aufbereitung und Überhöhung, aufnahm und verarbeitete, wollte die Psychedelic-Art Bewusstseinszustände abbilden, die einer Mehrheit nicht zugänglich waren oder nicht vermittelt werden konnten. Dabei griff man auf Bekanntes zurück, vor allem auf die florale und biomorphe Formensprache des Jugendstils, der nun mit einer kräftigeren Palette aufgepoppt wurde. Auf Plakaten und Plattencovern wuchert und wabert es, Wellen schlagen ineinander, Blätter mäandern in den Raum hinein, Outlines und Binnenflächen wechseln sich zu kaum überschaubaren Mustern ab. Fotografen kopierten mehrere Aufnahmen ineinander, ließen Diapositivfilme mit Colornegativentwickler behandeln, mixten Positive und Negative. Weitwinkelobjektive und extreme Untersichten lieferten die »neue« Optik des Nicht-Alltäglichen, So-noch-nicht-Gesehenen.

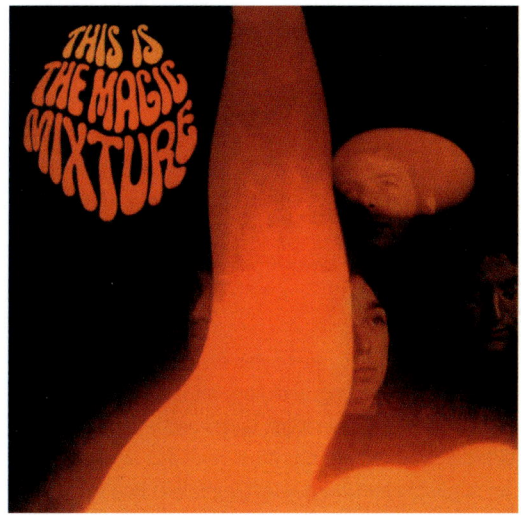

Musik aus der Lava-Lampe: »This is the Magic Mixture« in einer typischen Covergestaltung des Psychedelic Style.

Erstes Zentrum des Psychedelic-Looks war die amerikanische Westküste, wo um 1964 Einflüsse aus der Surf-Szene, aus dem Zen-Avantgardismus von John Cage und Beatnik-Rudimente zusammentrafen. 1964 hatte ein unabhängig produzierter Dokumentarfilm für Furore gesorgt: »The Endless Summer« beschreibt die Reise und Suche zweier kalifornischer Surfer nach den besten Surfspots der Welt. Ein visueller Trip, ein psychedelisches Roadmovie, das ein vom Alltag, von Amerika losgelöstes Leben beschreibt, dessen Inhalt der eine Moment auf der perfekten Welle ist.

Psychedelisches Medium par excellence waren aber die LP-Cover und Veranstaltungsplakate. 1966 hatte sich der neue Stil in den USA angekündigt, 1967 war er mit dem »Summer of Love« weltweit etabliert. In England, auf dem europäischen Kontinent und in den USA war der psychedelische Stil angesagt. Er bedient auf interessante Weise zwei eigentlich grundverschiedene Tendenzen des Pop: zum einen die alternative Hippie-Szene der West Coast, zum anderen eine mehr etablierte Popklientel in Europa. Die erste Variante führt direkt in das der Gesellschaft ablehnend gegenüberstehende Milieu der Aussteiger, Kiffer und Nostalgiker eines einfachen Lebens als Selbstversorger, die andere dient als Bereicherung des »Kunststoff-Pop«, der Mode und des Interior Design, welche die floralen Muster als Dekoration für Tapeten, Heimtextilien und Hosenanzüge benutzen. Letztlich ist sogar die »Pril«-Klebeblume aus den mittleren 1970er-Jahren ein Produkt dieser Psychedelic-Flower-Power-Stilistik.

Klassenkampf

Hatte man im Pop während der ersten Jahre nur eine pubertäre Abweichung gesehen, die entweder vergehen oder sich amalgamieren würde, so war spätestens 1965 klar, dass weder das eine noch das andere so schnell geschehen würde. Im Gegenteil: Pop eignete sich hervorragend als Soundtrack oder Bildwelt zu den Defiziten jeder Gesellschaft, zu den Problemen der Unterprivilegierten, ob sie nun weiß, schwarz, männlich, weiblich, schwul oder heterosexuell waren. Ob Bürgerrechtsbewegung in den USA, jugendlicher Klassenkampf in England, beginnender Studentenprotest in Deutschland und Frankreich: Pop war dabei. Pop war nicht nur längst die Kultur der Jugend geworden, die von den Erwachsenen nicht mehr ignoriert werden

konnte, Pop war auf dem besten Weg, zu einem politischen Statement zu werden. Interessanterweise war dieses Statement im Westen wie im Osten gleichermaßen gefürchtet. Der neue Lebensstil, die neuen Freiheiten, die sich die Jugend herausnahmen, demonstrativ nach Außen getragen durch die neuen Klänge, den neuen Modelook, langes Haar und ein abweichendes Verhalten auf der Straße, schien eine globale Bewegung anzudeuten, mit der die Jugend und alle, die sich ihr zugehörig fühlten, anschickte, die Macht über den Planeten zu erlangen. Die Verkaufszahlen der Alben waren wie Wahlergebnisse, die riesigen Open-Air-Konzerte wie Demonstrationen, bevor es im Mai 1968 wirklich auf die Straße und auf die Barrikaden ging. Die westlichen Gesellschaften waren im Umbruch, kämpften zäh um ihr Erbe und ihre Traditionen. Popmusik, Rock schien fähig zu sein, die disparaten Motive und nebulösen Sehnsüchte der Jugend zu kanalisieren und sie damit zu einer Waffe gegen das Establishment zu machen. Pop war gefährlich geworden: in Ostberlin und Prag genauso wie in Chicago, Berkeley, Philadelphia, Sao Paulo, Paris, London und Mailand. Mit dem in

Woodstock – Open Air-Konzert und politisches Statement einer scheinbar einheitlich politisierten Klasse, der »Jugend«

Songs, Bilder, Texte und Filme gepackten Protest der 1960er-Jahre bekam Pop eine politische Dimension; mehr als das, er wurde für lange Zeit mit zumeist politisch linken Vorstellungen der Jugend assoziiert. Der Vietnamkrieg als weltweites Menetekel der amerikanischen und westlichen Außenpolitik machte Pop zum subkulturellen Gegenentwurf, der bis in die Mitte der westlichen Gesellschaften hineinreichte. Aus dieser Verbindung von Jugend, Aufbegehren, Unzufriedenheit, Depressivität und Ekstase zieht Pop bis heute seine Energie, auch wenn sich die Verhältnisse seitdem sehr gewandelt haben – und dann auch wieder nicht. Die späten Sechzigerjahre haben der Popkultur jedenfalls etwas Gesellschaftsreformerisches und Politisches eingeschrieben, das auch 40 Jahre später scheinbar mühelos aktiviert werden kann.

Popocracy und Barock

Das Swinging London der Jahre 1965 bis 1969 war eine Parallelgesellschaft mit einigen Formen, die der anderen Gesellschaft nachgebildet waren. Der britische Autor und Sänger George Melly hat dieses Paralleluniversum »Popocracy« genannt, allerdings mit seltsam undemokratischen Formen wie einer Popelite bzw. einem Popadel. Abgehoben vom täglichen Leben, abgeschottet von der Allgemeinheit, unermesslich reich und einflussreich, leben diese Fürsten des Pop in ihren

Der ursprünglich weiß lackierte Rolls Royce von John Lennon wurde nach den Dreharbeiten zu »Performance« psychedelisch lackiert, dann entschied sich Lennon für einen weißen Mercedes 600 Pullman.

Villen, Schlössern oder in Hotelsuiten und transformieren von den Jungs von nebenan zu mythischen, gottgleichen Stars. Wie es der Zufall will, erlebt um 1967 das Rokoko eine Renaissance als Ideengeber für die Mode, und man hat manchmal den Eindruck, als seien die Maskeraden in Rüschen und Plissee eine unfreiwillige Anspielung auf das barocke Versailles. John Lennon fährt einen weißen Rolls-Royce, später einen weißen Mercedes 600 – tauscht man die Farbe aus, könnte man meinen, die Queen oder der Papst seien unterwegs. Die Aston-Martins von Paul McCartney oder Brian Wilson sind da ein bisschen cooler, während George Harrison mit seinem Tantra-Mini-Cooper den Zeitgeist am besten trifft.

Die Beatles hatten einen Status jenseits des Vorstellbaren erreicht und konnten produzieren, was ihnen einfiel. 1967 wurde nach »Sergeant Pepper« das Projekt »Magical Mystery Tour« (Film und Album) begonnen, außerdem die TV-Show »Our World« komponiert, die am 25. Juni 1967 live in 31 Länder übertragen und von über 400 Millionen Menschen gesehen wurde. Die Sendung war die erste weltweit ausgestrahlte Live-Fernsehproduktion. Im Studio 1 der Abbey Road Studios waren neben den Beatles einige Orchestermusiker, Mick Jagger und Keith Richards, Keith Moon (The Who), Eric Clapton (Cream), Graham Nash (The Hollies) und Marianne Faithfull anwesend, die mitsingen und in die Hände klatschen durften. Es war ein großer Kindergeburtstag.

»Sergeant Pepper« hatte den Pop nachhaltig verändert. Wer jetzt noch einfache Songs in Rock 'n' Roll oder Beat-Manier schrieb, galt als musikalischer Mainstream; die Avantgarde, die Popocracy war schon woanders. Nach den Beatles legten die Rolling Stones mit »Their Satanic Majesties Request« ebenfalls ein pychedelisch angehauchtes Pseudo-Konzeptalbum nach. The Beach Boys produzierten das Album »Pet Sounds« mit großartigen Arrangements eines von Minderwertig-

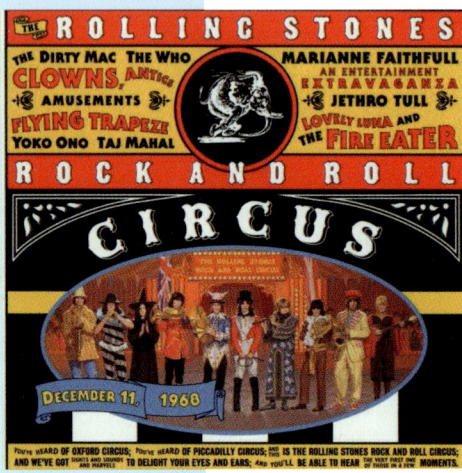

Musikzirkus aus dem Jahr 1968

keitskomplexen gegenüber den Beatles gequälten Brian Wilson. Pop hatte seine Unschuld, Naivität und Unmittelbarkeit definitiv verloren. Wer sich keine Gedanken über das nächste Album machte, war ein unbedarfter Depp. Entweder man griff zu Improvisationen und dudelte eine LP-Seite mit Instrumentalsoli voll, oder man machte Anleihen bei der E-Musik und der Klassik, oder man erzählte eine Geschichte in mehreren Songs und nannte es Rock-Oper. Rock-Oper!

Ab nun war alles möglich: 1968 produzierten die Rolling Stones ein Fernseh-Special, das einen Zirkusabend simulieren sollte: der ’Rock-‘n’-Roll-Zirkus kommt in der Stadt! Artisten, Clowns, Zirkustiere und befreundete Musiker wurden engagiert, um ein möglichst authentisches Zirkusgefühl zu erzeugen. The Who, der Bluesmusiker Taj Mahal, Mick Jaggers Freundin Marianne Faithfull, der Geiger Ivri Gitlis, Yoko Ono und die nur für diesen Auftritt konzipierte Band »The Dirty Mac« (John Lennon, Eric Clapton, Keith Richards, Mitch Mitchell). Aus der psychedelischen Erweiterung des Rock ‘n’ Roll und des Rhythm and Blues entstand der Progressive Rock als bürgerliche, akademische Variante einer ehedem proletarischen Musik von der Straße.

Dass Eric Clapton oder Jimmy Page Gitarre spielen konnten, war 1968 bekannt, aber nicht wirklich wichtig gewesen. Jetzt wurden sie zu Virtuosen in einem Genre, das eigentlich auf Teamarbeit fußte. Wer konnte schneller und länger trommeln? Wer bediente gleichzeitig die meisten Keyboards? Gib mir die Sitar, den

Dojo und die zwölfsaitige Gitarre! Was, ihr habt kein Melotron? Keinen Moog? Die Materialschau, die Pink Floyd auf »Ummagumma« betrieben (das gesamte Equipment sorgfältig aufgereiht wie bei einer Inventur) wirkt heute lachhaft, damals bedeutete es Aufrüstung.

Popliteratur in Deutschland

In Deutschland wurde die amerikanische Popliteratur durch den 1968 veröffentlichten Vortrag des amerikanischen Literaturwissenschaftlers Leslie Fiedler »Cross the Border – Close the Gap« (dt. etwa: Die Grenze überschreiten, die Lücke schließen) einem intellektuellen Publikum bekannt gemacht. Fiedler postuliert die Ablösung der elitären Hochkultur durch eine Literatur, die den Alltag, den Körper und bislang tabuisierte Erfahrungen einbezieht.

Diesem Anspruch fühlte sich der junge Schriftsteller Rolf Dieter Brinkmann verpflichtet, der 1969 zusammen mit Ralf-Rainer Rygulla im März-Verlag die Anthologie »Acid. Neue amerikanische Szene« herausbrachte und damit die amerikanischen Popliteraten bzw. Beat Poets in Deutschland vorstellte. Drogen, Exzesse, Partys – der Nachhall der Beatgeneration.

Für Brinkmann müssen diese Texte eine Bestätigung und ein Antrieb gewesen sein, seine Art des Schreibens fortzusetzen, da er im deutschen Literaturbetrieb als Enfant terrible galt – er hatte u. a. einmal empfohlen, den Literaturkritiker Marcel Reich-Ranicki zu erschießen, obwohl dieser Brinkmann in der »Frankfurter Allgemeinen Zeitung« sogar wohlwollend besprochen hatte. In seinen Gedichten und Erzählungen, später in Collage-Alben mit Fotos, Zeitungsausschnitten etc. beschreibt Brinkmann so deutlich die deutsche Wirklichkeit, aber auch die Befindlichkeiten der Personen und des Erzählers, dass man noch heute, 40 Jahre danach, mitunter Schwierigkeiten hat, die Texte zu verdauen.

Doch die deutsche Literatur und der Pop vertrugen sich nicht gut. Ähnlich wie die Beat Poets hatte auch

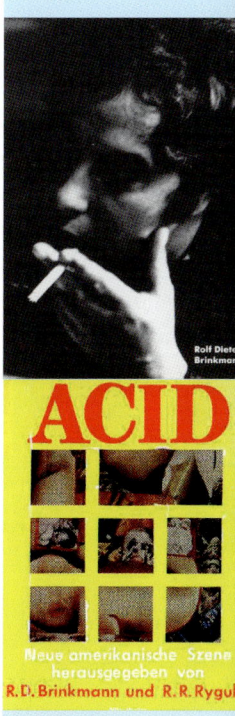

Rolf Dieter Brinkmann und die erste Ausgabe von »ACID« im März-Verlag

der Dichter Gerhard Rühmkorf in den frühen 1960er-Jahren seine Lyriklesungen mit Jazz verbunden, doch das war für ein intellektuelles Studentenpublikum gedacht. Gegen Ende des Jahrzehnts versuchte dann Wolf Wondratschek mit deutschen Übertragungen berühmter Songtexte von The Velvet Underground etc. und eigenen »Songs«, wie er seine Gedichte nannte, das Metier der deutschsprachigen Pop-Poesie zu beleben.

Beatschuppen und Diskotheken

Jenseits der ganz großen Städte kam Pop kaum vor. Universitätsstädte konnten unter Umständen noch mit ehemaligen Jazzkellern aufwarten, die gegen Mitte der 1960er-Jahre in sogenannte »Beatschuppen« umgewandelt wurden oder in Diskotheken. Dabei kristallisierte sich in Deutschland eine Stadt als erste heimliche Hochburg des Pop heraus: München. Im Studenten- und Künstlerviertel Schwabing formte sich eine kritische Masse von Publikum, Musikern, Kneipiers und Entourage, die für ein bis dato unvergleichliches Popflair sorgten. Während Hamburg in den 1960er-Jahren noch zu sehr vom Hafen und der Reeperbahn geprägt war, Berlin als kulturelle Insel galt, Köln die Hauptstadt der Ganoven war und Frankfurt am Main für die intellektuelle Debatte stand, schaffte München mit der Film- und Fernsehbranche, Musikproduzenten und einer Medien-Infrastruktur im Rücken den Durchbruch in die neue Zeit. Zumindest reichte das Image der »Weltstadt mit Herz« für die Austragung der Fußball-Weltmeisterschaft 1970 und der Olympischen Sommerspiele 1972. In München wurden die extravagantesten Diskotheken Deutschlands gebaut, ganze Pop-Malls geplant. Einige Filme transportierten dann das Münchner Image so erfolgreich, dass bis in die mittleren 1970er-Jahre am Nimbus der Stadt nicht gerüttelt wurde.

Im Big Apple

Mitte der 1960er-Jahre begannen die ersten Disc-jockeys (DJs), sich von der Funktion des reinen Plattenauflegers zu emanzipieren. Diese neue Generation von DJs, wie z. B. Terry Noel, erweiterten das musikalische Repertoire und erzeugten einen neuen Sound. Der DJ übernahm nun die Kontrolle über die Lichtanlage und das Soundsystem; dies führte zu bis dato unbekannten Freiheiten im Mixen von Stücken, indem mehrere Songs übereinandergelegt wurden. Grundsätzlich waren die frühen amerikanischen Discos wie das »Studio 54« oder »Xenon« vor allem In-Plätze, in denen es beinahe weniger um die Musik als vielmehr mehr um die In-crowd ging. Disco als Musik- und Lebensstil entwickelte sich in Underground-Clubs. Das »Salvation« war 1969 die erste Disco für ein primär schwules Publikum und von diesem geprägt. Nach Terry Noel wurde Francis Grosso einer der ersten Star-DJs an den Mischpulten.

Popkino? Nouvelle Vague und Autorenkino

In Ermangelung echter Popstars entstanden in Deutschland keine wirklichen Popfilme, wie sie Richard Lester mit den Beatles gedreht hatte, und auch keine Dokumentarfilme wie in den USA. Das deutsche Kino, in der Mitte der 1960er-Jahre vom Aufbruch der jungen Regisseure rund um das »Oberhausener Manifest« geprägt, verstand sich eher als Autorenkino, das eine mitunter sehr subjektive Sicht der Dinge zeigte. In Frankreich hatte Jean-Luc Godard zwischen 1967 und 1969 einige Filme gedreht, die versuchten, politische Botschaften (Maoismus, Internationalismus, Antikolonialismus), B-Movie-Anleihen (Gangster, Folter, Sex), Musik und Bildsprache des Pop miteinander zu kombinieren.

Uschi Glas als Schätzchen in May Spils Komödie »Zur Sache Schätzchen« von 1968

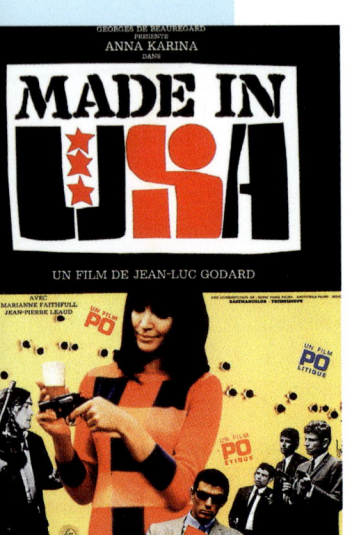

Jean-Luc Godard verband in einigen Filmen Pop-Elemente, Agit-Prop und Autorenkino, wie in »Made in USA« von 1968.

»Made in U.S.A.«, »Week End / Weekend« und »Sympathy for the Devil / Eins plus eins« waren Kinofilme für ein intellektuelles Poppublikum, konnten sich aber nicht entscheiden: Pop oder Politik?

Weniger intellektuell, dafür fast zeitgleich und nahezu authentisch versuchte ein deutscher Film, Popfeeling zu vermitteln: »Zur Sache Schätzchen« (1968) von May Spils wurde im Kino ein Publikumserfolg, was wenigen Werken des »Neuen Deutschen Films« beschieden war. Vor allem Sprache und Habitus der Protagonisten vermitteln den Zeitgeist der unbeschwerten Jahre 1966/67, bevor 1968 der politische Diskurs dem Pop ein Ende machte. Ebenfalls in München, der Metropole des deutschen Pop von 1966 bis 1972, spielen zwei Filme von Rudolf Thome, »Rote Sonne« und »Detektive«. Beide Filme fangen die Stimmung der Popszene manchmal fast dokumentarisch ein, auch wenn sich Thome Mühe gibt, dem Hollywood-Kino (zumindest dem B-Movie) nahe zu kommen. Das Thema einer Frauen-WG, die ihre männlichen Lover nach einer gewissen Zeit umbringt, war sowohl ein Topos der Pulp-Fiction als auch ein Beitrag zur Diskussion um Emanzipation und Geschlechterrollen.

Der Film »Ich bin ein Elefant, Madame«, vom Theaterregisseur Peter Zadek in Bremen 1968 inszeniert, bricht den Generations- und Kulturkonflikt des Pop auf die deutsche Provinz und ein altsprachliches Gymnasium herunter. Der Film ist weniger ein Popfilm als eher ein Spiel mit visuellen und inszenatorischen Popallüren; die sorgfältige Zeichnung des Establishments (Eltern, Lehrer, Polizei) nimmt für einen reinen Popfilm zu viel Platz in Anspruch.

All diese Filme werfen abermals die Frage auf, was denn, bitteschön, ein Popfilm ist? Man kann das ver-

mutlich nur ex nihilo beantworten. Pop
bzw. Popkultur ist durch eine Disparität
gekennzeichnet, die sich einer einfachen,
schnellen Stilisierung verweigert (anders
als ein Film, ein Bild oder ein Text, die
man sehr schnell als beispielsweise »ex-
pressionistisch« klassifizieren kann), weil
Pop eine Bewegung ist, die verschiedenste Gruppierungen und Kräfte einschließt
und verwebt. Der amerikanische Fotograf
und Artdirector William Klein drehte 1966
einen Kurzfilm, der unbedingt Pop sein
wollte: »Qui êtes-vous, Polly Maggoo?« –
wilde Handkamera, extreme Weitwinkel-
optik, hektische Schnitte, Models, Mode.
Der Film scheint vollkommen Pop zu sein
und ist es ob seiner Beherrschung der
Mittel schon fast wieder nicht. Pop kam

Der Fotograf William
Klein drehte 1966 in
Paris den vom Comic in-
spirierten Film »Qui êtes
vous, Polly Magoo?«.

von unten – als Kultur derjenigen, die definitiv nicht
zum Establishment gehörten, sei es wegen ihres Ein-
kommens, ihres Alters, ihrer Hautfarbe, ihres Ge-
schlechts oder ihrer sexuellen Orientierung. Die Formen, in denen sich diese Kultur artikulierte, waren oft
geborgt, aus verschiedenen Welten zusammengesucht
und selbst zusammengezimmert. In den 1960er-Jahren
wandelte sich ein Teil dieses Popmechanismus, weil
Pop zur neuen Leitkultur wurde. Damit brauchte man
auch Spezialisten, die die Sprache dieser Leitkultur
verstehen und sprechen konnten: Musiker, Produzenten, Songwriter, Fotografen, Artdirectors, Redakteure,
Regisseure, Kameraleute, Stylisten, Designer, Typogra-
fen, Friseure. Die Professionalisierung der Popkultur
führte zur Etablierung verschiedener Popstandards
oder -stilistiken, die sich ab 1966 in der Mode, im Film,
im Grafikdesign, der Innenarchitektur und in der Werbung durchsetzten: Space-Age, Psychedelic, Retro-Flo-
wer / Jugendstil, Comic, Eklektizismus.

Leitmedium Comic

Comics sind nicht nur ein Bestandteil der Popkultur, sie sind geradezu ihre Quintessenz. Comics verleihen den Themen der Pulp-Fiction, der Science-Fiction und den anverwandten Gebieten eine Bilderwelt, die diese Themen noch bedeutender macht, als sie ohnehin schon sind. Superhelden, Superschurken, Superheldinnen, Frauen als Männer verschlingende Bestien, ferne Galaxien, unwegsame Gegenden und gefährliche Herausforderungen sind die Themen, die im Comic illustriert werden. Doch die Illustration unterliegt eigenen Codes, einer eigenen Bildsprache, die von Genre zu Genre, von Zeichner zu Zeichner variiert. Die technische Umsetzung der Zeichnungen in einen Druck erzeugt wiederum spezifische Merkmale wie Rasterpunkte, flächigen Farbauftrag, harte Hell-Dunkel-Kontraste. Diese im Verhältnis zur Malerei oder Farbfotografie »arme« Bildsprache hat gerade darum ihren eigenen Reiz: Überhöhung, Übertreibung, Kontrastierung. Die Verlage Marvel und DC, die beiden Comic-Giganten aus den USA, standen für die Superhelden und ihre Widersacher. Bereits in den 1930er-Jahren hatten sich die amerikanischen Comic-Verleger in einer Selbstzensur verpflichtet, bestimmte Dinge nicht zu zeigen, um nicht als jugendgefährdend eingestuft zu werden – deshalb wurden jedoch die Busen nicht kleiner und die Dekolletés nicht züchtiger, nur die Brustwarzen durften nicht zu sehen sein. Der dritte amerikanische Comic-Riese war Walt Disney mit seinem Paralleluniver-

Die Superhelden-Bildgeschichten aus den Verlagen Marvel und DC schufen Bildvorlagen für die Popkultur. Hier eine Seite aus einem »Superman«-Heft von 1947

sum Entenhausen, das ab 1951 auch in Deutschland in Heftform Verbreitung fand. Diese amerikanischen Giganten hielten Einzug in die Pop-Art und in das »kollektive Visuelle«, aber für die Weiterentwicklung des Comics als zeitgleichem Popmedium wurden vor allem europäische Zeichner wichtig.

Der Belgier Guy Peellaert zog Mitte der 1960er-Jahre nach Paris, wo er 1966 für die satirische Monatszeitschrift »Hara-Kiri« die Bildgeschichte »Les Aventures

de Jodelle« und 1967 »Pravda, la Survireuse« zeichnete. Jodelle und Pravda waren Fantasmagorien, in der römische Legionäre, griechische Philosophen, die Beatles, Charles Aznavour und Brigitte Bardot im Guggenheim-Museum, in antiken Tempeln oder Las-Vegas-Bauten agieren. In beiden Comics geht es um die Rolle der Frau als von den Männern zugleich vergöttertes und erniedrigtes Wesen – beide Facetten werden von Peellaert farbenfroh und deftig geschildert. Die Protagonistin Pravda trägt die Züge der französischen Popsängerin Françoise Hardy und jagt in hautengem

Guy Peellaert schuf mit »Jodelle« und »Pravda, la Survireuse« zwei Klassiker des Pop. Hier eine Seite aus der deutschen Ausgabe von »Les Aventures de Jodelle«

Lederoutfit auf einem schweren Motorrad ihre Widersacher. Beide Comics gehören heute zu den legendären Bilderzählungen und -erfindungen aus der Hoch-
phase des Pop.

Ebenfalls aus Belgien stammt der Zeichner André
Franquin, dessen Serie »Spirou et Fantasio / Spirou
und Fantasio« ab 1950 (vorher hatten zwei andere
Zeichner die Reihe betreut) zu einem Comic-Klassiker
avancierte. Die Franzosen Albert Uderzo und René
Goscinny schufen mit »Asterix« eine legendäre Reihe,
Goscinny und der belgische Zeichner Morris machten
ab 1955 »Lucky Luke« zu einem Dauerbrenner.

Filmstill aus Yellow Sub-
marine«: Paul und John
mit dem Nowhere Man
und dem Yellow Subma-
rine. Der Film beruht auf
Entwürfen des Grafikers
Heinz Edelmann, der die
Produktion auch über-
wachte.

Heinz Edelmann war kein Comiczeichner im engeren
Sinn, sondern ein Grafikdesigner, der ab 1959 bei der
legendären Zeitschrift »twen« gearbeitet hatte. Als
1967 der Plan entstand, einen Zeichentrickfilm über
die Beatles mit ihrer Musik als Soundtrack zu produzieren, suchte man nach einem Artdirector, der die künstlerische Ausgestaltung der Zeichnungen leiten sollte,
und fand ihn in Edelmann. Sein Illustrationsstil, der
Elemente aus Jugendstilgrafik, Op-Art und klassi-
schem amerikanischem Comic verband, wurde zu einem visuellen Markstein für die ausgehenden 1960er-
Jahre. Die Ästhetik von »Yellow Submarine« findet
ihren Niederschlag bis hinein in heutige Multimedia-
und Webapplikationen.

2000 lightyears from home
Mit dem Beginn des Popjahrzehnts Sechzigerjahre
wandelte sich nicht nur die Mode, sondern auch die
Art ihrer Inszenierung in den Magazinen. Die Einflüsse
der verschiedenen Subkulturen waren in den neuen
Zeitschriften wie »Look«, »Town«, »seventeen«, »twen«
und »Elle«, aber auch in den klassischen Modemagazi-
nen wie »Harper's Bazaar« und »Vogue« schon Ende
der Fünfzigerjahre spürbar gewesen. Fotografen wie
Will McBride, William Klein, Terence Donovan, Brian
Duffy, David Bailey, Antony Armstrong-Jones waren in
den Milieus der Existenzialisten, Trads, Mods etc. ver-
wurzelt und nutzten die Szene als neue Orte der Mod-
einszenierung. Die Models gingen vom Studio auf die
Straße, in die Clubs und wurden vor Ort quasi-authen-
tisch inszeniert.

Doch vor allem der Space-Look der Jahre 1965–
1968 sorgte für noch nie dagewesene Inszenierungen.
Textilien aus Metall und Kunststoff in futuristischem
Ambiente, das sowohl einer Raumstation entsprechen
könnte oder nur das terrestrische Wohnen im Jahr
2020 vorwegnimmt – das demonstriert in unnachahm-
licher Weise das Projekt »Visiona« von Verner Panton
anlässlich der Möbelmesse Köln 1968.

Architekturbüros wie »Archigramm« oder »COOP
Himmelblau« dachten in Popzusammenhängen und
stellten ihre Pläne oder Konzepte nicht mehr als lang-
weilige Blaupausen, sondern als poppig illustrierte
Collagen im Comicstil vor. Machbar oder nicht, das
war erst einmal nicht die Frage, sondern es ging um
den Denkanstoß, Umgebung und Umwelt auch anders
erfahrbar zu machen als durch den Funktionalismus.
Zu den Utopieskizzen gehörten wandernde Städte,
sich selbst erzeugende und weiterbauende Gebäude
(Archigram), Wohneinheiten in der Wüste (Paolo Sole-
ri), unter Wasser und im All, fliegende Inseln (Thomas
Shannon) und bewohnte Käseglocken (über die schon
R. Buckminster Fuller nachgedacht hatte).

Yé Yé

Ende der 1950er-Jahre schwappte Pop auch nach Frankreich, Johnny Hallyday war das erste französische Popidol. Danach geschah die übliche Transformation des amerikanischen Rock 'n' Roll und Rhythm and Blues in landesübliche Gepflogenheiten, mit französischen Coverversionen und Me-too-Varianten internationaler Hits. Allerdings stachen einige Personen aus dem üblichen Popbrei heraus, und das sowohl musikalisch als auch inszenatorisch. Ein französischer Radiosender, der die erste Popsendung für Jugendliche ausstrahlte, hatte 1962 die geniale Idee, ein monatliches Printmagazin zur Sendung zu publizieren: »Salut les copains«. Dieses Magazin wurde zum Zentralorgan des französischen Pop für die Zwölf- bis Achtzehnjährigen. Die »Yé Yé« genannte Welle (von »Yeah, Yeah«) brachte einige Solitäre hervor, die das französische Chanson unnachahmlich mit internationalem Pop verschmolzen. Françoise Hardy begann als verträumte Singer/Songwriterin, verwandelte sich um 1965 in eine internationale Ikone; ihr Look wurde prototypisch für den Beat und den Pop der Swinging Sixties. Jacques Dutronc (Hardys späterer Ehemann) war das französische Ein-Mann-Gegenstück zu den britischen Kinks, ohne dass er deren Songs coverte. Zwischen 1966 und 1972 arbeitete er an einem musikalisch wie textlich eigenständigen Beitrag zur Popkultur. Am einflussreichsten und nachhaltigsten wirkte jedoch Serge Gainsbourg, der, bevor er sich ab 1966 dem zeitgenössischen Pop widmete, bereits ein Jahrzehnt lang als Komponist, Autor und Sänger von Chansons mit Jazz- und Latin-Einschlag erfolgreich gewesen war. Gainsbourg war einer der ersten Solisten in Frankreich, die das Scopitone als Inszenierungs- und Vermarktungswerkzeug begriffen; in den Sechzigerjahren legte Gainsbourg großen Wert auf die visuelle

Serge Gainsbourgs Muse Jane Birkin als »Melody Nelson« auf dem gleichnamigen Album von 1971

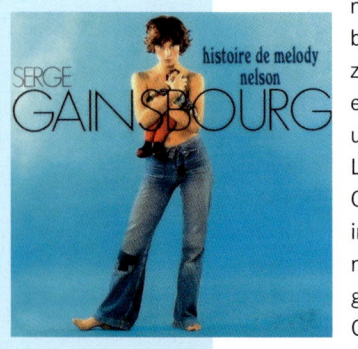

Inszenierung seiner Musik im Fernsehen, bevor er in
den Siebzigerjahren ins Regiefach wechselte. Gainsbourgs Wechsel zum Pop geschah durch Auftragskom-
positionen für Yé-Yé-Stars wie France Gall. Mit der LP
»Comic Strip« fand Gainsbourg dann 1968 einen eigenen, unverwechselbaren Sound für den französischen
Pop. »Comic Strip« ist ein doppeldeutiges Popalbum,
denn es ist kein naiver Pop mehr, sondern die europäische Reflexion und ironische Brechung der amerikanischen Popkultur und der Pop-Art. Nachdem Gainsbourg Brigitte Bardot für seine
musikalischen Projekte gewin-
nen konnte, geriet sein Pop zu
einer Art Überinszenierung,
mit der Popikone und dem
Sexsymbol der 1960er-Jahre
schlechthin versuchte er
nachzuahmen, was vor ihm
nur Andy Warhol mit der
schon verstorbenen Marilyn
Monroe geglückt war. Die
Single »Je t'aime (moi non

Die TV-Inszenierung des
Gainsbourg/Bardot-
Songs »Comic Strip«
1969 spielte mit dem
Bild, das der Zeichner
Peellaert von BB im
Comic »Jodelle«
gemacht hatte.

plus)« mit dem wollüstigen Gestöhne der Bardot war
der Medienskandal, der Gainsbourg auf den Olymp ka-
tapultierte. Die zweite (und bekanntere) Version des
Songs wurde mit dem englischen It-Girl Jane Birkin
aufgenommen, weil Bardots damaliger Ehemann Gun-
ter Sachs intervenierte. Jane Birkin hatte in Michelangelo Antonionis »Blowup« mitgespielt; sie wurde ab
1969 Gainsbourgs große Inspirationsquelle. Das Album
»Melody Nelson« ist das erste französische Konzeptalbum und steht in einer Reihe mit den internationalen
Produktionen der Zeit. Auch die nächste Platte »L'hom-
me à tête de chou«, wie die vorherigen mit britischen
Musikern in London produziert, gehört zu den genuinen Leistungen des französischen Pop, auch wenn
Gainsbourg nicht primär Teenager anspricht, sondern
Twens und Thirtysomethings.

Berechnung und Naivität

Mit der Radikalisierung der Jugend in den Jahren 1968/69 hatte sich das Bild der Popkultur in Westeuropa und Nordamerika geändert. Das bunte, ursprünglich-psychedelische Element war im Rückzug begriffen und wurde abgelöst durch fotografische Verfremdungstechniken. Der Look der Jugend schien sich zu uniformieren: langes Haar, Bart, Militärjacke und Bluejeans als Stilistik des aufgeklärten, gesellschaftskritisch eingestellten, prototypischen Jugendlichen. Gleichzeitig blühen modische Extravaganzen für Männer wie Frauen: Hosen mit weitem Schlag, hautenge Tops und Hemden in schreienden Farben, Hot Pants, Stiefel und Plateauschuhe. Aus Haarschnitt wird Haarmode – auch der Mann kann sich für kurze, lange, auftoupierte und gefärbte Haare, für oder gegen Kotelletten und Oberlippenbart entscheiden. Der Friseurberuf ändert seinen Status vom spießigen Handwerker zum trendigen Pop-Arbeiter und Stylisten.

Mit den Hippies war das Element des Selbermachens, eine Retrofolklore, aufgekommen, die sich in selbst gefärbten, selbst gestrickten oder gehäkelten Kleidungsstücken materialisierte. Während der eine Teil der Jugend von einer basalen Kultur der Selbstversorgung und Selbsterzeugung träumte, hieß die urbane Variante immer noch Rock. In Detroit und New York begannen Bands, nach dem ursprünglichen Kern von Rock 'n' Roll zu suchen, nach dem rebellischen, ursprünglichen Element, das die ganze Sache ausgelöst hatte. Die Bands MC5 und The Stooges lösten mit dieser Suche das nächste ganz große Ding aus, ohne sich dessen bewusst zu sein. In England fand eine Transformation der Mod-Kultur in die Skinheadszene statt – gleichzeitig bildete sich um 1970 etwas Anderes, noch nie da Gewesenes heraus, das wesentlich gesellschaftskritischer war, als es zunächst schien: Glam.

Ursprünglich hatte Pop bzw. die Jugend sexuelle Teilhabe und ein Ende der Tabus und Reglementierungen

gefordert. Das hatte sich im Laufe der 1960er-Jahre
flächendeckend im Westen durchgesetzt. Die Pille, die
Aufklärungs- und Sexwelle, dann die frühen Emanzipa-
tionsbewegungen brachen die verkrustete patriarchalische Ordnung auf. Der nächste Schritt musste eigentlich folgerichtig die Infragestellung sexueller Identi-
täten sein. Bereits ab 1967 hatten verschiedene Künstler und Interpreten mit Zweideutigkeiten hinsichtlich
ihrer Identität gespielt: Brian Jones etwa, aber auch
Mick Jagger, verwandelten sich auf der Bühne und als
Schauspieler in androgyne, nahezu transsexuelle Wesen. Selbst wenn es noch nicht durchführbar schien,
sich als homosexuell zu outen, bot der Pop die Möglichkeiten, über Inszenierungen, Verkleidungen und Anspielungen Homoerotik als jugend- und gesellschafts-
konform scheinen zu lassen – nach dem Motto: Es ist
doch nur Pop! Ob Michel Polnareff in Frankreich, David
Bowie und Elton John in England oder Lou Reed und
Jim Morrison in den USA: Das Spiel mit und die Frage
nach der sexuellen Identität war die nächste gesellschaftliche Aufgabe, die anstand.

Guy Peellaert illustrierte
das Cover für David
Bowies LP »Diamond
Dogs« von 1974.

Glitzer und Glamour

Der Glamrock nahm sich nicht nur dieser Frage an, sondern auch der, wie die Menschheit auf diesem Planeten überleben kann oder ob andere Welten gefunden werden müssen. Glam machte das ganz pragmatisch mit einer Hitparaden-Abteilung für die Zwölf- bis Siebzehnjährigen und der elaborierten Variante mit Hochkultur-Einsprengseln für die Älteren. Ob Slade, The Sweet, T. Rex, Gary Glitter und Alice Cooper für die Teens oder David Bowie, Roxy Music, Lou Reed, The Tubes und andere für die Popintelligenz, der Glam zeigte bereits ein gebrochenes Verhältnis zum Fortschrittsglauben der Moderne. Die unbeschwerten Zeiten waren vorbei. Zurück in die Zeiten des Präpop, zu Vaudeville, Cabaret und Tingeltangel? Auf zu neuen Ufern, zu neuen elektronischen Klängen, ins All? Überlässt man den Planeten Erde den Menschen? Packt man real an, arbeitet man politisch, oder flüchtet man sich in eine stilisierte Welt des Camp und der Dekadenz?

Stanley Kubricks Verfilmung des Anthony Burgess Romans »A Clockwork Orange / Uhrwerk Orange« von 1971 hatte nach »A Space Odyssey / 2001: Odyssee im Weltraum« einen sehr zynischen Blick auf die nahe Zukunft geworfen. Die »Droogs« um den Protagonisten Alex sind stylishe Skinheads, popkulturell aufgehoben zwischen zeitgemäßen Amüsiermeilen und der schon beinahe futuristischen »Corova«-Milchbar, in der sich die gesellschaftliche Elite trifft. Das Thema der psychoneuronalen Beein-

Die Droogs aus »A Clockwork Orange« haben keine gesellschaftlichen Ideale, sie sind auf Krawall gebürstete Individual-Anarchos.

flussung bis hin zur Folter bringt die Frage nach Abweichung und akzeptiertem Verhalten erneut auf die Tagesordnung.

Dem frühen Pop als jugendkultureller Bewegung war es um die Einforderung von Teilhabe an der Erwachsenenkultur gegangen: Wir wollen haben, was ihr habt, wir wollen tun, was ihr tut, aber auf unsere Weise. Nachdem diese in den 1960er-Jahren erkämpft und erreicht war, standen nun die Gesellschaftsordnung und ethische Werte zur Diskussion. Wachstum, Ausbeutung, Unterdrückung von Natur und Mensch – waren das die vorrangigen Ziele der westlichen Gesellschaften? Und wenn ja, dann könnte man sich verweigern, indem man ausstieg (»drop out«) oder stilistisch dagegen protestierte.

Um an dieser Stelle einem Vorurteil zu begegnen: Stil ist keineswegs »nur« eine Form, die beliebig austauschbar ist. Jede Form transportiert Inhalte. Als Stil bezeichnet man die Homogenisierung gesellschaftlicher Formen, egal ob das mit den Mitteln der Mode, des Designs, der Architektur oder der Musik geschieht. Diese homogenisierten Formen – also Stile – vermitteln demnach gesellschaftliche Botschaften, ob von kleinen Gruppen oder von der Gesellschaft als Ganzer. Wenn man diese Mechanismen akzeptiert und Form als gesellschaftliche Kommunikation begreift, rücken subkulturelle Stilistiken und das ganze Phänomen des Pop in ein neues Licht, denn mit den Formen werden auch politische Botschaften transportiert.

Umbruchphase

Für die Zeit der frühen 1970er-Jahre ist der Wegfall der Leitfiguren »Beatles« bezeichnend – damit ist die Freiheit da, zu tun was man will, ohne Angst haben zu müssen, dass aus der Abbey Road am nächsten Tag ein Album kommt, das alles andere nichtig erscheinen lässt. Umgekehrt gibt es keine einheitliche Richtung mehr, die Popmusik hat sich innerhalb von fünf Jahren in viele verschiedene Strömungen aufgefächert. Eine Mainstream-Industrie bedient den Markt der Teens und der jungen Erwachsenen, die zeitgemäß, aber nicht zu progressiv sein wollen. Zum ersten Mal in der Geschichte der Popkultur gibt es ein Revival. Man erinnert sich, man feiert, man glorifiziert die guten alten Tage des Rock 'n' Roll, die gerade einmal 15 bis 20 Jahre alt sind. Aber mittlerweile ist eine, sind vielleicht sogar schon zwei Generationen von Popkids nachge-

wachsen, für die man die Ursprünge der Bewegung neu aktualisieren muss. Viele Glamrocker nehmen Bezug auf die Tage der Teds und Edwardians um 1955. Das erste LP-Cover von Roxy Music ist von einem Modefotografen im Glamstil der späten 1940er-Jahre inszeniert worden; die Porträts der Bandmitglieder sind eine Mischung aus Psychobilly- und Heavy-Metal-Style. Der James-Dean- und Marilyn-

Cover der ersten LP von Roxy Music 1972, fotografiert von Karl Stoecker. Courtesy Karl Stoecker, Miami

Monroe-Kult geht jetzt erst richtig los; der belgische Illustrator Guy Peellaert, der in den 1960ern avantgardistische Comics gezeichnet hatte, ändert seinen Stil komplett und veröffentlicht 1972 ein Buch namens »Rock Dreams«, in dem er die Geschichte der Popmusik nacherzählt und mit einer Collage-Airbrushtechnik einen ganz neuen Look schafft. George Lucas dreht 1973 »American Graffiti«, eine melancholische Erinnerung an die Zeiten von Highschool und Rock 'n' Roll.

Das Plattencover als Popmedium

Ende der 1950er-Jahre war das Plattencover als Produktverpackung und als Verkaufsargument in der Musikindustrie akzeptiert. Die Frage war, wie man sowohl das Image bzw. die Positionierung des Interpreten oder der Band und die Erwartungen der zumeist jugendlichen Käufer erfolgreich zusammenbrachte. Bis Ende der 1960er-Jahre wurden die Plattencover in aller Regel von den Hausgrafikern der Plattenfirmen gestaltet. Immer wichtiger wurde jedoch die Rolle der Fotografen, die die Künstlerporträts, in seltenen Fällen auch Stimmungsfotos für den LP-Titel erstellten. Für die großen Stars verpflichtete man ab 1966 häufig Fotografen, die in der Modebranche oder als Porträtisten berühmt geworden waren. Die meisten Covergestaltungen zerfielen jedoch nach wie vor in die farbige, mit einem großformatigen Foto versehene Front, während die Rückseite mit Texten und kleineren Bildern, oft in schwarz-weiß, versehen war. Das änderte sich, nachdem auch die LP nicht mehr nur als Sammlung verschiedener Songs, sondern als kohärente Arbeit innerhalb einer bestimmten Phase oder an einem Thema angesehen wurde. Das Klappcover wurde nun zur Deluxe-Variante, 60 x 30 cm bespielter Popraum. Mit der zunehmenden Zahl an Produktionen und Interpreten waren die Grafikabteilungen irgendwann überfordert, außerdem schienen sie nicht immer das Gespür für die einzelnen Bands und Interpreten zu haben: Spezialisten waren gefragt. Als Vorreiter fungierten, wieder einmal, die Beatles, die ihre Alben »St. Pepper's Lonely Hearts Club Band« und das sogenannte »Weiße Album« von Stars der britischen Pop-Art-Szene gestalten ließen. Nachdem Andy Warhol 1967 ein Cover für die erste Velvet-Underground-

»Sticky Fingers« von den Rolling Stones erschien 1971; Cover-Art by Andy Warhol

Ein typisches Beispiel für die Arbeitsweise von Hipgnosis: Das Cover für »Ummagumma« von Pink Floyd, 1971

LP entworfen hatte, lag die Messlatte hoch. Mit der Ausdifferenzierung der Popmusik in verschiedene Richtungen war auch die visuelle Gestaltung ganz offen geworden – es gab keinen vorherrschenden Stil, wie er beim Cool Jazz oder beim Northern Soul der frühen 1960er-Jahre anzutreffen gewesen war. Eines der ersten Design-Büros, das sich auf die Gestaltung von LPs spezialisierte, war »Hipgnosis«. 1968 von Storm Thorgerson und Aubrey Powell gegründet, arbeitete Hipgnosis zu Beginn vor allem für die Plattenfirma Harvest, bei der u. a. Pink Floyd unter Vertrag war. Hipgnosis perfektionierte das Prinzip der konzeptuellen Fotografie auf dem Plattencover. Es gab keinen fotografischen Stil im engeren Sinn, sondern für jedes Album wurde an einem eigenen Bildkonzept gearbeitet – oft orientiert an der zeitgenössischen amerikanischen Kunstfotografie. Viele Aufnahmen stammen von dem Fotografen Peter Christopherson, der später Musiker bei Throbbing Gristle, Psychic TV und Coil war.

Zwischen 1970 und 1976 hatte das Plattencover als Medium seine Glanzzeit, was den Umfang und die Ausstattung betraf. Aufwendig gestaltete Boxen, Dreifach-Klapper, Dreh- und Ausziehmechanismen, Stanzformen (wie bei einigen Led Zeppelin LPs), dreidimensionale Gegenstände (Warhols Coverentwurf für das Rolling-Stones-Album »Sticky Fingers« hatte einen Reißverschluss), reproduzierte Sammlerstücke (»The Who Live at Leeds«), Bildplatten, gefärbtes Vinyl, Gutscheine für ein Stück Land (»Give me the Good Earth«/Manfred Mann's Earth Band) – das LP-Cover stellte die Krone der Verpackungstechnik dar.

Jeans, Parkas, Boots

Visuell war Pop zur Jahrzehntwende überall angekommen: die buntesten, schrillsten und aus heutiger Sicht popigsten Jahre Europas scheinen die Siebzigerjahre zu sein, zumindest in deren erster Hälfte. Die Popkultur hatte sich in gewisser Weise von der Jugendkultur gelöst, sie hatte sich emanzipiert und war erwachsen geworden. Pop konnte man mit zwölf und mit 32 Jahren leben – das schien eine Chance zu sein, die einer Kulturrevolution gleichkam. Auf der anderen Seite hatte sich die Jugendkultur in großen Teilen politisiert; zu dieser politischen Haltung schien das Bunte, Unbeschwerte des Pop nicht mehr zu passen. Viele Bands und Singer / Songwriter verstanden sich als gesellschaftskritisch und politisch; ein Teil der Jugend wendete sich vom Mainstream ab und fand im Progressive Rock oder New Folk die musikalische Entsprechung für ihr Denken. Mit der Politisierung hielt auch eine Uniformität in die Mode Einzug, im doppelten Sinn: Zum einen kristallisierte sich ein europäischer Alternativ-Mainstream heraus, der aus der Trias Boots, Jeans und Parka bestand; auf der anderen Seite führte die Mode den Safari- und Military-Look ein.

Die Versammlung großer Menschenmengen unter freiem Himmel konnte immer schon als politisches Manifest gelesen werden und in diesem Sinn war nach Monterey 1967 Woodstock zwei Jahre später so etwas wie eine Massendemonstration der Jugendkultur, die deutlich machte, dass es niemandem gelingen würde, diese Kultur einfach zu negieren oder zu verschweigen. Die großen Open-Air-Festivals der Jahre 1969–1972 auf der Isle of Wight, auf Fehmarn, aber auch in Südfrankreich dienten als Vorbilder für ein Jahrzehnt alternativ-kritischer Open-Air-Veranstaltungen in deutschen Landschaften (z. B. »Umsonst und draußen« im niedersächsischen Vlotho), die der wachsenden alternativen Szene ein Forum boten.

Teenage Wasteland

Pop war vor allem ein Gefühl gewesen, und dieses Gefühl veränderte sich nach 1969. Zu Beginn hatte es den Impuls gegeben, Jugend in einen neuen, eigenen Lebensabschnitt zu verwandeln und die Teilhabe an

Pop oder Politik war die Frage ab 1968. Pariser Mai-Unruhen mit einer zeitgemäßen Marianne

vielen Privilegien der Erwachsenenwelt einzufordern. Das Establishment wurde als bremsend oder störend empfunden, aber nicht wirklich infrage gestellt. Das geschah erst im Laufe der 1960er-Jahre, als Pop jenseits von biologisch bestimmter Jugend ein Lebensgefühl für breitere Schichten und mehrere Generationen geworden war und sich mit ihm Ideen und Vorstellungen verbanden, die der immer noch vorherrschenden Moral, Politik und Ethik entgegengesetzt waren. Auch Swinging London hatte noch den positiven Impuls, die Welt vor allem formal zu verändern, bunter und fröhlicher zu gestalten. Doch mit dem Vietnamkrieg und den Studentenrevolten rund um den Globus begann dem Pop das unbeschwerte Element abhandenzukommen: Die Teilhabe am Establishment war nicht mehr erstrebenswert, die gesellschaftlichen Ziele wurden abgelehnt. Pop und Jugendkultur gingen nicht nur in eine phasenweise pubertäre, sondern grundsätzliche Opposition. Pop trennte sich ab 1969 in ökonomisch weiterhin erfolgreiche Mainstreambereiche und verschiedene Gegenbewegungen, die eskapistisch, esoterisch, politisch oder akademisch geprägt waren.

In der Zwischenzeit

Bombastrock, esoterische Synthesizerklänge, Fusions von Rock, Jazz, Klassik und Folk; Hardrock, Heavy Metal, Bubblegum, Teenie-Glam: Die erste Hälfte der 1970er-Jahre erschien vielfältig und dennoch

Das »CBGB« in Manhattan wurde ab 1975 zum Mittelpunkt der neuen New Yorker Szene. Foto von Bob Gruen

bleischwer. Erste Revivals kamen auf, Elvis trat in Hawaii auf. London hatte seine Mittelpunkt-Stellung eingebüßt und wieder an New York abgegeben. Disco einerseits, rudimentärer Rock 'n' Roll auf der anderen Seite. Die Szene, die sich um 1973–1975 in New York um den Club »CBGB« herum bildete, oszillierte zwischen Retro-Garage, purem Rock 'n' Roll und Lesungen/Performances als eine Gegenhaltung zum Progressive und Mainstream Rock. Der Look war aus dem modischen und technischen Sperrmüll der Zeit zusammengeklaubt.

Dank seines Freundes David Bowie produzierte Iggy Pop mit seiner Band die LP »Raw Power« (1973), die am Ende dieses Jahrzehnts als epochal gelten wird, weil darauf der Nachklang der Stooges und MC5 von 1969 zum Vorboten des Punk 1976/77 wird. Patti Smith beginnt zu schreiben, öffentlich zu lesen und formt eine Band, die 1975 ein vom Ex-Velvet-Undergroud-Mitglied John Cale produziertes Album herausbringt, das den Pop erschüttert: »Horses«. Ihr Freund Robert Mapplethorpe beginnt zu fotografieren und entdeckt eine bisher ungesehene Ästhetik des Körpers als Sexsubjekt.

Aus den Überbleibseln des Swinging London heraus war die etwas merkwürdige Boutique von Vivienne Westwood und Malcolm McLaren entstanden. Sie hieß

»Sex« und verkaufte neben den ersten Entwürfen von Vivienne Westwood eine Mischung aus Bondage- und Fetischkleidung. »Sex« hatte nichts mehr mit dem netten Look der Sixties zu tun, das neue Rollen- und Geschlechterverständnis kam nun auch modisch aus dem Keller heraus. In New York, wohin Malcolm McLaren gereist war, um sich dort über die neuesten Entwicklungen zu informieren, wie auch in London brach sich sukzessive die dunkle Seite des Pop Bahn – oder: Die Vorzeichen, dass die heroische Phase des Pop sich ihrem Ende zuneigte, waren nicht zu übersehen.

Elektronik und Krautrock

Die Ungleichzeitigkeit sorgte für ein deutsches Popphänomen, das als Krautrock berühmt wurde. Nachdem mit einigen Jahren Verspätung Beat und Rock in die deutsche Provinz Einzug gehalten hatten, schien die deutsche Jugend innerhalb weniger Jahre aufgeholt zu haben. Ende der 1960er-Jahre schossen deutsche Bands, Kommunen, Diskotheken und Clubs wie Pilze aus dem Boden. Zu den Pionieren dieser Szene gehörte die Münchener Musikkommune Amon Düül, deren

»Radio-Activity« von Kraftwerk, 1975. Nach »Autobahn« wurde ein weiterer belasteter deutscher Mythos als Motiv gewählt – im Ausland war Krautrock ein stimmiges Etikett.

erste LP die Aufmerksamkeit des englischen DJs John Peel erregt hatten. Das Stück »Mama Düül und ihre Sauerkrautband spielt auf« gilt neben den aus den Weltkriegen stammenden Spitznamen der Deutschen als »Krauts« für das Label »Krautrock«,verantwortlich, mit dem ursprünglich Musik von deutschen Bands vor allem aus der psychedelischen und elektronischen Ecke gemeint war. Krautrock war ein Etikett, keine Richtung, keine gemeinsame Haltung. Unter diesem Etikett wurde vom Musikmarketing ab 1973 alles einsortiert, was in Deutschland seit 1968 jenseits des Mainstream, jenseits von Folk und Jazz passiert war: So unterschiedliche Konzepte wie die von Can, von NEU!, von Kraftwerk, von Faust, von Tangerine Dream oder Guru Guru hießen plötzlich einfach nur noch »Krautrock«. Der Kommunengedanke der einen, der Traum von den psychogenen Erweiterungen der anderen, die Esoterik dieser und die Elektroniktüftelei jener wurden im Ausland unter diesem Begriff zusammengefasst. Im Nachhinein hat sich herausgestellt, dass diese Phase der deutschen Musik zu ihren nachhaltigsten und einflussreichsten zählt – allerdings auch mit ihrem Labeling schlagartig zu Ende war. Nur Kraftwerk schaffte es, als scheinbar depersonalisiertes Projekt kommerziell und musikalisch zu überleben.

Der Mann, der vom Himmel fiel

1966 nahm David Bowie seine erste Single auf, einen Song im manierierten Swinging-London-Stil der Zeit, und kleidete sich wie ein Mod. Kurz darauf erscheint er mit langem Haar, in Samtgewänder gekleidet und singt Balladen zur akustischen Gitarre. Dann wendet sich sein Interesse dem Weltraum und möglichen apokalyptischen Szenarien zu, seine Band entwickelt einen Sound zwischen hartem Rock und Vaudeville-Anleihen. Bowie stilisiert sich ab 1972 zum androgynen Alter Ego »Ziggy Stardust«, einem Zwitterwesen aus dem All zu Besuch auf der Erde. Sein Look, seine Kleidung, sein Haarschnitt und sein Timbre nehmen die ganze Glitzerwelt des Glam vorweg und lassen die Teenbands wie schlecht verkleidete Höflinge aussehen. Auf dem Höhepunkt des Erfolgs von Ziggy Star-

David Bowie als »Aladdin Sane« – Wunderlampe und Geisteskrankheit; Foto von Brian Duffy

dust scheint sich die Trennung von Bowie und Alter Ego aufzulösen, aber Bowie bekommt die Kurve, produziert Bands wie Mott the Hoople, Iggy and the Stooges oder Lou Reed und erfindet sich 1974 abermals neu als »The Thin White Duke«, ein clownesker Gigolo mit Decadence-Anleihen in den 1930er-Jahren. Nachdem er 1975/76 (recht unbeobachtet) in Berlin verbracht hat, erscheint mit »Heroes« 1977 eine bahnbrechende LP, die Punk und New Wave erahnen lässt. Mit diesem und den Alben »Station to Station« (1976) sowie »Low« (1977) erarbeitet Bowie einen ganz eigenen elektronischen Sound (u. a. beeinflusst von deutschen Bands wie NEU!, Kraftwerk und Cluster, aber auch von Brian Eno, Robert Fripp und Steve Reich), der ihn zu den wichtigsten Musikern der späten 1970er- und 1980er-Jahre macht. Bei allen Produktionen Bowies fällt auf, dass eine visuelle, darstellerische Entsprechung zur Musik integral mitproduziert wird – der Künstler scheint sich zu verwandeln und nicht einfach zu verkleiden. Platten- und CD-Cover, Videos, Bühnenshow, Kleidung, Frisur bilden eine Einheit, die von der Musik nicht zu trennen ist, ein großer Unterschied zu vielen anderen Performern, die vom Marketing der Musikindustrie „verpackt" werden. David Bowie ist in seinem gelebten Wandel das eigentliche Modell für den Superstar der 1990er-Jahre: Madonna.

Vom Soul zur Disco

Die erste »dance craze« nach dem Rock 'n' Roll war der Twist, der zwischen 1961 und 1963 bereits in Diskotheken bzw. Klubs als Formationstanz getanzt wurde. Ursprünglich war es ein Tanz aus den 1920er-Jahren, der erfunden wurde, nachdem es Homosexuellen verboten worden war, in Klubs paarweise zu tanzen. Insofern ist der Twist ein Paradebeispiel für viele Rituale des Pop, die ursprünglich aus den Subkulturen der Städte kommen, häufig aus homosexuellen Milieus – wie eben auch das Phänomen »Disco«.

Vermutlich ist das, was man als die Besonderheiten der Discokultur kennt, in privaten Zusammenhängen entstanden und von dort in die Öffentlichkeit übertragen worden. David Mancuso gilt als einer der Erfinder von Disco, der mit seinen privaten Partys in der homosexuellen Community New Yorks den Grundstein für das spätere Clubbing legte. Seine Partys wurden nicht nur von Weißen, sondern von nahezu allen Ethnien New Yorks besucht; ein wichtiger Aspekt für die Entwicklung der Discokultur im New Yorker Untergrund. Sie beginnt, als 1969 nach Demonstrationen von Schwulen und Lesben und darauf folgenden Ausschreitungen in New York das Tanzverbot für gleichgeschlechtliche Paare aufgehoben wurde: In der schwul-lesbischen Szene entwickelte sich ein neues Selbstbewusstsein, Klubs und Bars schossen aus dem Boden. Als Musik kristallisierte sich eine Mischung aus tanzbarem Rock, Funk, Phillysound und lateinamerikanischer Musik heraus. Aus diesen Anfängen entstand um 1974 ein eigener Musikstil, der als »Disco« bezeichnet wurde.

Eine Razzia im Homosexuellen-Treffpunkt »Stonewall Inn« 1969 in der Christopher Street im New Yorker Stadtteil Greenwich Village führte zum Aufstand der Gay Community und zur Aufhebung einiger Beschränkungen wie der zu tanzen.

Mitte der 1960er-Jahre begannen die ersten Discjockeys (DJs), sich von der Funktion des reinen Plattenauflegers zu emanzipieren. Diese neue Generation von DJs wie z.B. Terry Noel erweiterten das musikalische Repertoire und erzeugten einen neuen Sound. Der DJ übernahm nun die Kontrolle über die Lichtanlage und das Soundsystem; dies führte zu bis dato unbekannten Freiheiten im Mixen von Stücken, indem mehrere Songs übereinandergelegt wurden.

Grundsätzlich waren die frühen amerikanischen Discos wie das »Studio 54« oder »Xenon« vor allem In-Plätze, in denen es beinahe weniger um die Musik als vielmehr mehr um die In-crowd ging und, wie im »Studio 54«, die Illusion, dort mischten sich Arm und Reich,

So geht's: Anleitung für den Formations- und Disco-Tanz »The Hustle«, der neben »Bump« und »Busstop« ein Muss auf den Tanzflächen der Zeit war.

No names und Stars, solange sie Chic, Style und sexuelle Attraktivität verkörperten.

Um 1974/75 wurde Disco auch außerhalb des subkulturellen Undergrounds von New York populär. Die Kombination rhythmusbetonter Melodielinien mit eingängigen Refrains machte den Disco-Sound allmählich auch für das Mainstream-Radio interessant. 1974 und 1975 schafften die ersten Disco-Hits den Sprung in die Charts: »Rock Your Baby« von George McCrae (1974 die meistverkaufte Single in Deutschland), »Kung Fu Fighting« von Carl Douglas (1974) oder »Shame, Shame, Shame« von Shirley & Company (1975). Nachdem die Plattenfirmen das kommerzielle Potenzial erkannt hatten, begann man, Schallplatten speziell für Diskotheken zu produzieren. Um das tanzende Publikum länger zu unterhalten, wurden Maxi-Singles (12") und spezielle Remixe von DJs entwickelt. Der DJ mutierte zum Master of Ceremony, zum spontanen Musikproduzenten und musikalischem Akteur. Seine Mixe und die Auswahl der Reihenfolge, in der er die Platten auflegte,

Saturday Night Fever

Die Beliebtheit von Disco in Nordamerika und Westeuropa gipfelte in dem Film »Saturday Night Fever« (1977). Die Handlung entsprach in etwa dem Lebensgefühl der Disco-Generation: Aus dem tristen, monotonen Alltagsleben auszubrechen und für eine Nacht ein Star zu sein. Das Bemerkenswerte an diesem Film ist sein dokumentarischer Charakter – für einen Musikfilm im herkömmlichen Verständnis ist in »Saturday Night Fever« viel zu wenig Musik enthalten, und auch die Tanzszenen fallen im Vergleich zu den »Tanzfilmen« der 1980er-Jahre eher spärlich aus. John Travolta gibt den Protagonisten auf eine Art, die vielleicht mit dem ersten »Rocky«-Film zu vergleichen ist – von der Machart her sind beide Filme ebenfalls sehr ähnlich. Der weltweite Erfolg des Soundtracks (die Wendung zur Discomusik eingeschlossen) verhalf den Bee Gees zu einer lang anhaltenden Weltkarriere, nachdem sie in den

John Travolta als Tony Manero in John Badhams »Saturday Night Fever / Nur Samstag Nacht« von 1977

späten Sechzigerjahren in England einige kleinere Hits hatten landen können. Für John Travolta blieb der Film lange eine zweischneidige Angelegenheit, denn er konnte mit seinen Tanz- und Aerobic-Filmen nicht an den Erfolg von »Saturday Night Fever« anknüpfen, zudem schien sein Rollenprofil dadurch sehr eingeschränkt. Erst Quentin Tarantinos Zitat- und Retrofilm »Pulp Fiction« von 1994 zeigte Travolta als Tänzer und sarkastischen Killer – das war der Schub für die Weltkarriere.

entschieden darüber, ob die Tänzer auf der Tanzfläche blieben. Als Teil der Show inszeniert und motiviert er das Publikum, das Akteur und Zuschauer zugleich ist.

Auch in Europa knüpfte man an den kommerziell erfolgreichen US-amerikanischen Trend an, die sogenannte »Eurodisco«. In Deutschland begann 1976 u. a. der Erfolg von Frank Farian und seinem Konstrukt »Boney M.«. Der Munich-Sound von Giorgio Moroder – geprägt durch die Dominanz von Violinklängen zu sich ständig wiederholenden Refrains – brachte Welthits wie »Love To Love You Baby« von Donna Summer, »Fly, Robin, Fly« und »Get Up And Boogie« des Münchener Mädchentrios Silver Convention hervor.

Zeichentheorie des Pop

Im ersten Teil des Schnellkurses war davon gesprochen worden, dass Pop ursprünglich ein Zeichensystem war, das Bestandteile der alltäglichen Kultur verwendete und sie zu einem neuen Diskurs oder einer neuen Kommunikation zusammensetzte, die sich damit vor allem gegenüber dem bestehenden Etablierten differenzierte. Mit der zunehmenden Aufgliederung der Popkultur bildeten sich immer mehr Subsysteme und Kontexte, die innerhalb des Pop selbst eine andere Lesart etablierten.

Die Frage des Stils ist ebenfalls angeschnitten worden. Dieses scheinbar ephemere Phänomen – der Stil – wurde aber zum wichtigsten Kriterium von Populärkultur überhaupt. Da die klassischen Bewertungen an den Hervorbringungen der Popkultur oft abprallten, wurde die Frage des Stils zur essenziellen. Stil bedeutet, Formen für eine bestimmte Art des Denkens und Handels zu finden und diese nach außen sichtbar zu machen, bzw. mit diesen Formen zu kommunizieren. Von Stil sprechen wir, wenn eine bestimmte Gruppe über vergleichbare (homologe) Objekte, Handlungen, Riten etc. für sich als Gruppe Identität herstellt mit dem Ziel, sich von anderen damit zu differenzieren.

Diese Form gesellschaftlicher Kommunikation und
kommunikativen Handels ist lange von denen ignoriert
oder belächelt worden, die ihre eigene Lebenswirklich-
keit nicht für verhandelbar hielten oder für die Stil nur
eine äußerliche Lappalie war – für das Establishment
beschränkte sich der Stilbegriff lange auf die Kunst.
Doch in den 1970er-Jahren differenzierte sich auch das
Establishment, zumindest die Mittelschicht, von einer
grauen Masse in verschiedene Milieus, die popkulturell
sozialisiert worden waren. Je nachdem tendierten sie
zum gesellschaftlich engagierten Milieu, zu einer hedo-
nistisch-konsumtiven Haltung oder zum ästhetischen
Eskapismus. Sie trugen die entsprechende Kleidung,
richteten ihre Wohnungen demgemäß ein und hörten
Popmusik. In den ausgehenden 1970er-
und den 1980er-Jahren wurde der Stil, und
alles, was ihn ausmachte, (Kleidung, Haltung, Covergestaltung, Bühnenpräsenz) für
die Bewertung von Pop zum wichtigsten
Parameter.

Vivienne Westwood und
Malcolm McLaren in den
frühen 1970er-Jahren:
Sie im Bowie-inspiri-
erten Glam-Look,
während er den Teddy-
boy-Stil wiederbelebt.

Punk

Mit der Ölkrise, den Szenarien zur Weltbe-
völkerung, Umweltverschmutzung, Wirt-
schaftskrise, mit Reaktorkatastrophen wie
der von Three Mile Island und einer politischen Konfrontation im Schatten des Kal-
ten Krieges waren die Träume von »Love
and Peace« zerstoben. Auch die mehr tech-
nologisch orientierte und dennoch spaßbe-
stimmte Fraktion des Space-Pop mit ihren Kunststoff-
kreationen und den Visionen vom Leben im All war
nach Apollo 13 desillusioniert. Es waren ja vor allem
gesellschaftliche Utopien eines friedlichen Miteinan-
ders gewesen, die die Popeuphorie angetrieben hatten. 1975 war das meiste davon in Enttäuschung und
Hoffnungslosigkeit übergegangen. In der Musik hatte
sich Akademismus breitgemacht, der als Progressive

Rock getarnt LP-Seiten mit Soli und pathetischem Synthesizer-Wabern füllte. Es war wieder einmal Zeit, zu den Wurzeln zurückzukehren, aber nicht in Form eines Revivals, sondern als Haltung.

Die Ungleichzeitigkeit bestimmter Phänomene ist eine treibende Kraft von Gesellschaft und Kultur. An verschiedenen Orten geschehen gleichzeitig verschiedene Dinge, deren Ursprünge unterschiedlich weit zurückliegen. Der Kontext generiert die Bedeutung. In New York hatte sich eine Szene gebildet, deren größte Gemeinsamkeit vermutlich ein Veranstaltungsort war, der Club »CBGB« auf der Bowery. Die Musik war einfach, dem Rock 'n' Roll und Rhythm and Blues verpflichtet, aber die Haltung des Vortrags war alles andere als naiv oder einfach, es war eine in mehrerlei Hinsicht sehr reflektierte, oft sogar intellektuelle Haltung. Ob es die

Die New York Dolls zwischen Glam und Punk. Im Vordergrund Sänger David Johansen

New York Dolls mit ihrer Travestieshow waren, Patti Smith mit ihrer Vorliebe für französische Dichter wie Rimbaud und einem exzentrischen Vortrags- und Gesangsstil, The Ramones, The Voidoids oder Telephone – allen war gemeinsam, dass Pop nicht mehr naiv war.

Malcolm McLaren gehörte zu der neuen Generation von Managern, die mit und im Pop groß geworden waren und die Mechanismen des Business deshalb gut verstanden. Er hatte kurze Zeit die New York Dolls gemanagt und versuchte 1976, die Trends aus New York mit denen in London zu vermischen. Sein Sinn für die große ästhetische Packung ließ ihn die Erfahrungen aus der Zeit mit Vivienne Westwood und die Lust am Medienskandal kombinieren: Heraus kamen die Sex Pistols und der Punk. Die Vokabel »Punk« gab es innerhalb der populären Kultur seit den 1950er-Jahren; sie stand für Herumtreiber, Verlierer, Kleinkriminelle. Nun stülpte sich eine ganze Gruppe das Etikett des Negativen über und verhielt sich den Erwartungen der Medien und der dahinter stehenden Gesellschaft entsprechend: Aufkündigung jeder Etikette und Höflichkeit, Drogenexzesse, zusammengeflickte Kleidung mit Zeichen für Schmerz, Gewalt, Erniedrigung und Unterdrückung versehen, das Rohe und Animalische statt dem Kultivierten: gesellschaftlicher Müll und tabuisierte Residuen als neues Selbstverständnis. No future.

Punk-Ästhetik und -Stilistik

Jenseits der Musik hatte Punk eine extrem starke visuelle Komponente: expressiv, spontan, teilweise arm in den Mitteln, teilweise grell in der Farbigkeit. Und man kann die zeitgenössische Kunst der »Neuen Wilden« wie Rainer Fetting, Walter Dahn oder Martin Kippenberger im Zusammenhang mit dieser Expressivität der Äußerung im Punk sehen – eine neue Pop-Art, die den Rhythmus der Punkkultur wiedergibt.

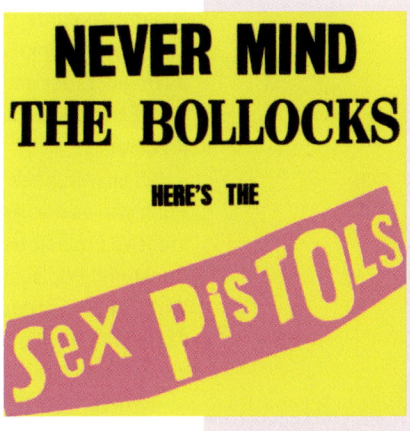

Jamie Reids berühmtes Cover für die Sex Pistols fasste die Stilistik des Punk wunderbar zusammen: Geklaut, geschnitten, gerissen, kopiert, geklebt.

Die Ästhetik des Punk speiste sich aus einfacher Reproduktionstechnik, deren Bildfehler potenziert wurden: Kopieren, bis jeder Grauton fehlt und sich die Vorlage in Schwarz und Weiß getrennt hat ... Der Fotokopierer spielt als technisches Reproduktionsgerät eine entscheidende Rolle: Mit ihm lassen sich die Fanzines kostengünstig herstellen, die nun überall entstehen, die lokalen Szenen informieren und sich selbst wahrnehmen lassen. Neben der Schreibmaschine und der Handschrift dienen Schriftmusterbögen oder Zeitungsheadlines, die kopiert, auseinander geschnitten und wieder zusammengesetzt werden, als typografische Hilfsmittel. Mit dem Punk rückte auch die Dada-Bewegung wieder ins Bewusstsein, die Cut-up-Methode, die Provokation, der Nonsense, die Improvisation und das Geräusch als Klang. Und merkwürdigerweise erlebt der Expressionismus eine Wiedergeburt, von den Farbspritzern über Reiß- und Klebespuren bis zur expressiven Malerei der »Moritzboys« in Berlin und der Künstlergruppe »Mülheimer Freiheit« in Köln. Die Ästhetik des Punk hatte gegenüber anderen Strömungen den Vorteil, dass alle Objekte selbst zusammengesetzt werden konnten: Punkkleidung stellte man am besten selbst her; Punkmusik bestand ja angeblich nur aus drei Akkorden, die jeder im Handumdrehen lernen konnte; ein Punk-Fanzine oder Cover gestalten konnte auch jeder, der mit Fotokopierer, Schere, Klebstoff und Tipp-Ex umgehen konnte; Punk war zu Beginn sehr »Do it yourself«.

Bei aller Rohheit und proletarischen Direktheit im Punk gab es von Anfang an Strömungen, die Punk als kreative Freiheit begriffen und eine Verbindung von Kunst und Pop suchten, wie z. B. die britische Band Wire, die, wie so viele Bands der Punk- und New-Wave-Ära, einen Art-School-Hintergrund hatten, sich sehr schnell vom Drei-Akkord-Schema des frühen Punk lö-

Die Band Wire verzichtete auf Nieten, Irokesen und die übliche Punk-Folklore. Auch diese Band hatte sich auf einer Art School formiert. Porträt von 1978 von Annette Green

sten und stattdessen nach alternativen Formen des Live-Auftritts und der Text-Musik-Bild-Kombinatorik suchten. Die Sex Pistols waren eine Casting-Band, die von ihrem Manager nach bestimmten Gesichtspunkten ausgewählt, gebrieft und wieder aufgelöst worden war. Die Superstars des Punk zerstörten sich vor laufenden Kameras, und zum Erschrecken vieler, die noch an das Gute im Pop glaubten, zerstörten sie die Glorie des Pop gleich mit.

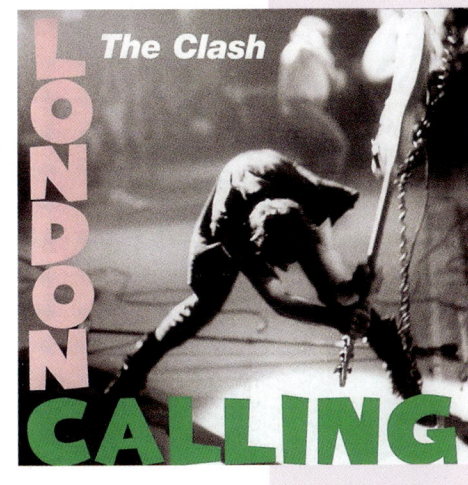

Kennt man irgendwo her ... »London Calling« von The Clash bezog sich auf Rock 'n' Roll und Elvis.

Punk war trotz seiner Destruktivität, seinem Defätismus und seiner sehr schnell einsetzenden Stereotypik die wichtigste Bewegung nach dem Rock 'n' Roll. Punk setzte enorme Kreativität frei, weil nach den verbliebenen Grundlagen von Pop, Utopie und Hoffnung gefragt wurde. Ob im Design, in der Grafik, der Kunst, der Literatur und vor allem natürlich in der Musik – Punk schliff trennende Mauern, aber auch die Fassaden der Wohlanständigkeit. Durch Punk erfuhren Dada, Konstruktivismus und Neue Sachlichkeit eine Retrospektive, durch Punk verzahnten sich klassische elektronische Musik und Noise Music, Industrial Sound und Musique concrète. Punk belebte die ursprünglichen Momente des Rock 'n' Roll und des Pop wieder, allerdings ohne die Hoffnung auf ein gutes Ende.

Die Zäsur, die Punk bedeutete, war ähnlich der Zäsur, die um 1966 den naiven Pop der ersten zehn Jahre von dem trennte, was sich danach entwickeln sollte. Doch nach Punk war das Ausweichen in den selbstverliebten Akademismus oder einen Intellektualismus (wie in den Jahren 1968–1976) nicht mehr möglich, stattdessen forschte die New Wave in allen Richtungen, von Funk über Jazz und Elektronik bis zum Noise und zur Collage, wissend, dass man zitiert (während man vorher dachte, man sei originär). Die New Wave hat visuell und akustisch für das lebhafte Fortbestehen des Pop gesorgt, obwohl sie jeden Rest noch vorhandener Naivität oder den Glauben an etwas Unschuldiges zerstörte. Punk und mehr noch die New Wave gaben dem Pop zurück, was er verloren hatte: Underground, Subversivität (vor allem bei den Produktions- und Distributionsmitteln), Dilettantismus, Kreativität und die Glaubwürdigkeit derer, die wussten, dass der Mainstream alles, aber nicht glaubwürdig war.

Wave und Post-Punk
Mit dem Verschwinden des »ursprünglichen« Punk der Jahre 1977–1979 erlebte der Pop eine unglaubliche Vielseitigkeit. Die Grundelemente des Punk, die Reduktion auf Rhythmus, einfache Songstrukturen und klare Instrumentierung (die Rückkehr zum Rock 'n' Roll) wurden über viele Jahre sowohl beibehalten als auch weiterentwickelt oder als Zitat benutzt. Die zentrale Botschaft der frühen 1980er-Jahre war die Fusion popkultureller Klischees und Haltungen zu einem neuen Amalgam. Bands wie Devo mixten Fünfzigerjahre-Atomfanatismus und Fortschrittsglauben mit Dada und Punk; viele englische Bands erarbeiteten einen neuen rhythmischen, zum Tanzen geeigneten elektronischen Sound, der kein Hitparaden-Mainstream war, auch wenn er es oft in die Charts schaffte. Post-Punk sorgte für eine Neubewertung und Betrachtung von Bands und Projekten, die bereits seit Anfang der 1970er-Jahre ihre Musik entwickelt hatten, aber bis dato in kein Raster gepasst hatten, z. B. Pere Ubu, Chrome, Cabaret Voltaire, The Red Crayola und viele andere.

Die Ausdifferenzierung der Jugend- und Popkultur in den 1980er-Jahren brachte so viele Gruppierungen und Szenen hervor, dass mancher den Überblick verlor. Denn neben den neuen Stilen, entstanden alte, längst

tot geglaubte wieder auf, etwa die Mods und die Teddyboys. Sogar in Deutschland entstand nun ein Klas-
senkonflikt zwischen Teenagern nach englischem Vorbild, der zwischen Poppern und Punks. Dabei ging es
nur teilweise um die Auseinandersetzung zwischen Jugendlichen aus unterschiedlichen Klassen, vor allem
ging es um die Attitude und die Lebenseinstellung innerhalb der Mittelschicht-Kids. Protest als Verweige-
rungshaltung oder als Überhöhung eines Stilanspruchs
der Oberschicht? In Teilen waren beide Lager gleichermaßen subversiv wie angepasst – wie ehedem zwischen den als traditionell geltenden Rockern und den
konsumorientierten hedonistischen Mods, die auf gesellschaftlichen Aufstieg hofften. Vor allem mit den
Poppern hoffte die deutsche Musik- und Popindustrie
ihr Geschäft machen zu können – man nannte es
»Neue Deutsche Welle«, eine Mischung aus deutschen
Schlagertexten und englisch angehauchten Klängen.

Video-Thriller

Das Musikvideo-Zeitalter begann nicht mit MTVs erster Sendung und der Buggles-Fanfare »Video killed
the radio star« (1979). Soundies, Panoram, Scopitone
und die Inserts für die Musiksendungen im Fernsehen
hatten das Genre des Videoclips längst vorbereitet,
wenn nicht sogar etabliert, es war nur noch niemand
auf die Idee gekommen, Videoclips als Formatfernse-
hen anzubieten.

   Der Videoclip (um genau zu sein,
müsste man von zeitbasierter Musik-
inszenierung sprechen, denn ob 8-
mm-, 16-mm-, 35-mm-Film- oder
MAZ- bzw. Videotechnik ist zunächst
einmal für das Genre unerheblich)
schien das perfekte mediale Konstrukt zu sein: Erstens bot er die
Möglichkeit, Pop adäquat nicht nur
musikalisch, sondern auch szenisch,

Music Television ging
am 1. August 1981 im
amerikanischen Kabel-
netz auf Sendung. Logo
von Manhattan Design

Das Video für Alex Gopher »The Child« präsentiert eine Welt aus Buchstaben, Zeichen, Begriffen. Regie: Antoine Bardou-Jacquet

räumlich und visuell zu inszenieren – eine Freiheit, die verlockend schien. Zweitens, und das war der ökonomische Aspekt hinter MTV, hatte die Musikindustrie mit der Ausstrahlung der Promotion-Clips eine großartige Möglichkeit, ihre Produkte zu vermarkten. Das wiederum war der Anreiz, Geld und Kreativität in deren Produktion zu stecken, da niemand in der Menge der ausgestrahlten Clips untergehen wollte. So erlebte durch und mit MTV der Musikclip eine ungeahnte Blüte und wurde innerhalb weniger Jahre zu einem eigenen Genre. Nur mit der Besprechung in der Musik- und Poppresse haperte es etwas, denn klassische Filmkriterien passten nicht wirklich: Der Clip wollte eben nicht nur Film sein, sondern im besten Fall ein Zusammenspiel von Bild, Klang und Erzählung (nicht im rein narrativen Sinne).

Viele visuelle Lösungen waren Wiederholungen aus dem Avantgarde-, Underground- und Experimentalfilm der Jahre 1920–1970, aber darüber hinaus schafften es manche Regisseure, Musikkurzfilme herzustellen, die alle Genres streiften und gleichzeitig hinter sich ließen. Die Möglichkeiten der digitalen Bildbearbeitung und Bilderzeugung bildeten die Grundlage für noch nicht Gesehenes (etwa die Typografie-Clips von Prince'

»Sign o' the Times«, 1987, und Alex Gopher »The Child«, 1999). Umgekehrt versuchten die Branchengiganten, ihre Megastars megalomanisch zu inszenieren: so bekam Michael Jackson 1984 mit »Thriller« den längsten Videoclip aller Zeiten spendiert, der damals vermutlich auch der teuerste war, gedreht von Hollywood-Regisseur Michael Landis.

Musik ohne Promotion-Video war (zumindest im Mainstream) nicht mehr möglich. Jedes Genre tendiert zur Standardisierung und bildet Typologien aus, auf deren Basis Variationen entstehen: Beim Musikclip sind das z. B. das choreografierte Tanz-Video, der (inszenierte) Live-Auftritt, die Transformation des Songtextes in eine Spielhandlung, die rein visuelle Umsetzung des Sounds in abstrakte Bilder, Pseudo-Dokumentarisches (Proben, Freizeit, Sportaktivitäten der Protagonisten) und die ostentative Demonstration von »Assets« (Autos, Villen, Pools, Frauen, Waffen, Schmuck, Geld), wie es der Gangsta-Rap kultiviert.

Allerdings hatte es den Anschein, als seien die elaborierten Formen des Videoclips mit Bezügen zu popkulturellen Vorbildern eher an die Zielgruppe der über Dreißigjährigen gerichtet gewesen, denn die Inszenierungsschemata des Teenager-Mainstreams wurden bald austauschbar. Billig und schnell musste es sein, was wiederum zu vollkommener Austauschbarkeit der Produkte führte – und letztlich zum Ende des Musikfernsehens. Eine weitere Komponente dieses Niedergangs liegt selbstverständlich im Erstarken der Netzmedien, Kanälen wie YouTube etc., auf denen Clips sofort auf Abruf und ohne lästige Werbeunterbrechung angeschaut werden können.

Sounds? Spex!

1973 erschien die Zeitschrift »twen« zum letzten Mal. Die Politisierung des Alltags einerseits und die Weiterentwicklung des Pop andererseits hatten diesem Magazin keinen Spielraum mehr gelassen. Zum Printmedi-

Eine frühe Ausgabe der
Zeitschrift »Spex« aus
dem August 1980

um in Sachen Pop war für den Mainstream längst »Bravo« avanciert, verfolgt von einigen Wettbewerbern, die
hauptsächlich auf die Zielgruppe der
Teenager schielten. Neben der deutschen Variante englischer Vorbilder
kristallierte sich ab 1975 die Hamburger Zeitschrift »Sounds« zur Alternative von Stargejubel und Affärenge-
schreibsel heraus. Die Plattenkritik
avancierte nicht bloß zu einer neuen
Textsorte, sondern zu einer literarischen Form, zu einer minimalistischen
Einschätzung der Welt, so wie sie der
Rezensent anlässlich der gerade er-
schienenen LP der Band X oder des
Künstlers Y wahrnahm. Die Plattenkritik wurde jenseits
der politischen Parolen und der abgehobenen und
spaßfeindlichen Diskussionen der Linken zum Residu-
um eines gesellschaftskritischen Diskurses, der die
Hoffnung auf die Kraft der Popkultur noch nicht ganz
aufgegeben hatte und sich der gesellschaftlichen Wirklichkeit nicht verschließen wollte. Mit dem Aufkommen
von Punk und New Wave war es schwierig bis unmöglich geworden, Popmusik nach traditionellen ästhetischen Kriterien zu bewerten, wie das in »Sounds« zu
Zeiten des Progressive Rock, Jazz-Rock und Electronic
noch geschehen war. Mit Punk und Wave rückte die To-
talität des Pop wieder in den Vordergrund: Gehörten
nicht Kleidung, Verhalten, Sprache, Bilder, Bewegungen zum Pop dazu? Konnte man Pop rein musikalisch
beschreiben oder kritisieren?

Die Antwort dazu wurde von einem Kölner Kollektiv
gegeben, das 1980 die Zeitschrift »Spex. Musik zur
Zeit« herausgab. Das Herausgeberteam bürgte durch
Sozialisation und Beruf für Vielfalt: Fotografen, Künstler, Grafiker, Musiker und Sozialwissenschaftler ver-
knüpften Musik, Clubs, Film, Literatur und Kunst zu ei-

nem neuen Amalgam, der Szenezeitschrift (damals ein Positivum), die eine von vielen Interessierten schmerzhaft wahrgenommene Lücke füllte. »Spex«, zunächst eher ein sehr ambitioniert gemachtes Fanzine, etablierte sich anfangs als Begleiter der neuen popkulturellen Strömungen und wurde ab 1988 zum Referenzobjekt des intellektualistischen Diskurses zwischen Pop und poststrukturalistischer bzw. postmarxistischer Theorie, der in besonderer Weise von Dietrich Diedrichsen und Mark Terkessidis geprägt wurde.

I'm raving, I'm raving

Nach dem Selbstmord von Ian Curtis 1980 hatten sich die verbleibenden Mitglieder der Band Joy Divison den nicht minder arroganten Namen New Order gegeben und ihre Musik etwas aufgehellt, vor allem durch einen melodischen Bass, Keyboards und Computerdrums. Eine der Veröffentlichungen von New Order auf dem Factory Label (dessen für die 1980er Jahre wegweisendes Design von Peter Saville stammte) war die Maxi-Single »Blue Monday« von 1983, die mit dem bisherigen Sound der Band brach und zu einem der wichtigsten Stücke des Jahrzehnts wurde. »Blue Monday« vereinte Elektronik, Dancefloor und britischen Postpunk zu einem neuen Amalgam, das ein paar Jahre später, zum Ende des Jahrzehnts, als Rave bekannt werden sollte. Rave kann man als Versuch sehen, Pop als Gesamterlebnis wieder zu beleben. Tanz, Gemeinschaft, Ekstase, Drogen, Lightshows und ein Sound, der nicht auf schwarzem Soul basierte, machten Rave zu einer neuen Erfahrung für die vielen Jugendlichen, die mit klassischer Disco nichts anfangen konnten. Rave bezog sich dezidiert auf

Hedonismus, kollektive Ekstase, ein wenig Illegalität: Der gute alte Smiley von 1970 tauchte als Icon der Rave- und Techno-Szene Ende der 1980er-Jahre wieder auf.

England als Heimat des Pop und auf Manchester als Hauptstadt des Rave. New Order und Factory Records schufen mit dem Club »Hacienda« einen Tempel, der stilistisch nichts mit »Disco« zu tun hatte: Eine grelle moderne Baustellenästhetik kollidierte mit alten Lagerhallen. Kollektive Ekstase, ein zentraler Bestandteil des Pop, bekam wieder etwas Positives.

Rave wurde durch schwarze Einflüsse in England zu Drum 'n' Bass, Jungle und Breakbeat weiterentwickelt, gleichzeitig wurde aus amerikanischem House und europäischer Elektrodisco der Technosound geboren. Viele Raveveranstaltungen hatten im restriktiven England der Thatcher-Ära in der Illegalität stattgefunden; während House in den Clubs gespielt wurde, entwickelte sich Techno schnell zum Sound für riesige Events und Massen. Der einsetzende Körperkult der 1990er-Jahre verlangte nach immer größeren Bühnen für das exhibitionistische Potenzial, das sich im Verbund mit schwul-lesbischen Bekenntnissen plötzlich sogar als politisch begriff: the politics of dancing. Massenveranstaltungen wie die Love Parade konnte man nun als Demonstrationen eines (nicht im herkömmlichen Sinn) politischen Handelns begreifen, das den öffentlichen Raum zurückeroberte und auf das gute alte Popideal des totalen Hedonismus setzte.

Hip-Hop
Die Anfänge der Hip-Hop-Kultur reichen zurück bis in die frühen 1970er-Jahre, als nach den schweren Rassenunruhen der Jahre 1968–1970 eine scheinbare Befriedung der amerikanischen Gesellschaft eingetreten war, im Grunde genommen jedoch die Separation und Ghettoisierung der schwarzen Bevölkerung zementiert wurde. Die Stadtteile in den amerikanischen Metropolen, die eine Heimat der Schwarzen waren, verkamen zu Spekulationsgebieten, in denen sich mit Brand und Zerstörung mehr Geld verdienen ließ als mit Mieten und sozialer Struktur. Die Ghettos und vorwiegend

Schwarzen-Stadtteile unterlagen
einer archaischen Hierarchie von
Clans und Banden, die sich nicht
nur innerhalb der Community,
sondern auch zwischen den verschiedenen Ethnien bekämpften.

In dieser von Tribalismus und
Atavismus gekennzeichneten Situation, die für einen Mitteleu-
ropäer oder weißen amerikanischen Mittelschichtangehörigen
kaum nachvollziehbar ist, entwickelten sich verschiedene Rituale und Codes, die nicht allein
mit Musik zu tun hatten, aber ohne Musik nicht funktionierten.
Das auf die Straße getragene private Leben, das dadurch öffentlich wurde, sorgte für Gesprächs-
und Bewegungsrituale, die als
gesprochener Gesang, Rap, Bestandteil einer ganz neuen Mu-

Der Ghettoblaster wurde
zum Ende der 1970er-
Jahre zum sozialen
Musikinstrument. Foto
Peter Anderson

sikrichtung werden sollten. Das Sprayen von Graffitis,
Rollerskaten, das Basketballspiel auf Freilichtplätzen
sowie die Tanz- und Akrobatikwettbewerbe werden von
Funk- und Soulmusik begleitet. Die schwarzen DJs mixten auf ihren teilweise tragbaren, oft selbst gebastel-
ten DJ-Pulten verschiedenste Musikstile, um ihr Publikum herauszufordern, zu verwirren, zu überraschen.
Dahinter steckte meist der Konkurrenzkampf verschiedener Gangs, Blocks, Hoods (Nachbarschaften) oder
Communities, die sich mit solchen Battles abzugren-
zen und zu übertrumpfen suchten. Der prahlerische
Aspekt (Frauen, Geld, Drogen, Autos) des Hip-Hop hat
hier seine Wurzeln.

Musikalisch waren die Anfänge von einer großen To-
leranz und Vielseitigkeit geprägt – Funk, Soul, Disco
und Rock wurden ineinander gemixt und gescratcht.

Zu den gemixten musikalischen Tracks kam irgendwann der Sprechgesang des MC (Master of Ceremony) hinzu, der zu Beginn der Hip-Hop-Bewegung
die Funktion eines Anheizers und Lobpreisers des DJs
hatte, nach und nach aber eigene Texte auf die Sounds des DJs rappte. Das ist der Ursprung des heute
»Old School« genannten Hip-Hop von Afrika Bambaa-
taa oder Grandmaster Flash, die zu Beginn der
1980er-Jahre die Grundlagen für diesen Stil schufen.

Spray it

Graffiti sind in erster Linie eine Technik und kein Stil.
Man mag vielleicht einen typischen Graffiti-Style ausmachen, aber in Europa beschränken sich Graffiti häufig auf das »Tagging«, die großformatige und auffällige
Signatur eines Sprayers oder seiner Crew. Ende der
1970er-Jahre waren die Graffiti von New York, Chicago und Los Angeles so vielfältig, dass viele Kritiker
und Theoretiker darin schon eine neue visuelle Kultur

Graffiti auf Vorortzügen
in NYC. Einen ganzen
Wagen zur Arbeitsfläche
zu machen und sein
Werk zu vollenden,
gehörte zu den großen
Leistungen unter den
Sprayern.

von unten sahen, manche
sogar die neue Kunst. In
der Tat wurden einige
Sprayer oder Künstler,
die mit Spray arbeiteten,
schnell hochgejubelt; an-
dererseits wurden die
eindrucksvollsten Graffiti,
die besprühten Vorortzü-
ge und U-Bahn-Waggons
im Laufe der Jahre immer
seltener (selbst die fili-
granen, kaum wahrnehm-
baren Figuren des »Zürcher Sprayers« Harald Nägeli
im öffentlichen Raum wurden erbarmungslos verfolgt
und gereinigt, also zerstört). Graffiti und Hip-Hop
eröffneten eine der wichtigsten gesellschaftlichen
Diskussionen des ausgehenden 20. Jahrhunderts,
nämlich: Wem gehört der öffentliche Raum? Stadtpla-

nern, Politikern und Investoren oder den Menschen, die ihn bewohnen, bearbeiten, beleben? Graffiti sind heute einerseits alltäglich, weil ein großer Teil von ihnen Auftragsarbeiten sind; alltäglich andererseits, weil ein Großteil von ihnen nach wie vor illegal aufgebracht wird als Brandzeichen der einen Gang gegenüber der anderen.

Bad

Nach den ersten Erfolgen des Hip-Hops sprang die Vermarktungsmaschine richtig an, zunächst auch noch auf Diversität bedacht. Cross-over-Hip-Hop bediente sich weißer Metal- oder Discoklänge und mischte sie mit Hip-Hop wie bei den ersten Super-stars des Genres, Run DMC. Andere Gruppen wie Public Enemy betonten die politische Komponente der Musik, pro-vozierten mit ihrem Look und ihrem So-und wie zu besten Punk- oder Dada-Zei-ten und labelten sich selbst als Staatsfeinde, die auf die Misere der Schwarzen, auf Ausbeutung, Diskrimi-nierung und Rassismus hinwiesen.

Tupac (2Pac) Shakur, 1996 erschossener Gangsta-Rapper

Das politische Element des Hip-Hops erfuhr eine eigentümlich Wendung, als die äußerst brutale oder sehr drastische Sprache vieler Hip-Hoper in die Kritik geriet und eine Diskussion darüber be-gann, ob Hip-Hop bewusst rassistisch, sexistisch und gewaltverherrlichend sei oder ob die Sprache nur die Wirklichkeit der Schwarzen spiegele und insofern eine authentische Äußerung der Benach-teiligten sei, die man nicht nur hinnehmen, sondern ernst nehmen müsse. Der in den späten 1980er-Jahren entstandene Gangsta-Rap bezog dann deutlicher Stel-lung: Das prahlerische Element wurde verstärkt, das Dissing (dt. »Diskreditieren«) zu einem Kampfsport entwickelt, Erfolg und Besitz als letztlich uramerikani-

Raver, von Rainald
Goetz fotografiert aus
seinem Buch »Rave«
(Suhrkamp 2001).

sche, weiße Tugenden ak-
zeptiert und Frauen als
sexy-kuscheliges Beiwerk
zum Haus und zum Auto
gesehen. Diese machisti-
sche Attitüde kam nicht
nur bei schwarzen Ju-
gendlichen an, weltweit
hatte sich Hip-Hop in
Form des Gangsta-Rap
etabliert. Offensichtlich
spiegelte sich hier eine
zunehmende Kluft nicht
nur der westlichen, »klassischen« Popgesellschaf-
ten in Habende und
Nicht-Habende; Pop in
Form von Gangsta-Rap
schien die teils fiktionale,
teils reale Chance zu
sein, durch gewisse
Fähigkeiten innerhalb
kurzer Zeit aus der Gosse ins Penthouse umzuziehen.
Das bedeutete eine Umwertung von negativen, stigma-
tisierten Werten in positive: das Gesetz der Straße, die
Unterwürfigkeit der Frau, der neu belebte Dualismus
von Hure und Familienheiliger, die Ehre des Mannes,
der Zuhälter als Held, die Waffe als Fetischobjekt, kurzum, der ganze atavistische Müll.

Achtung: Zeitgeist!

Ende der 1980er-Jahre entstanden auch in Deutschland nach englischem Vorbild Zeitgeist-Zeitschriften
wie »Tempo«, die das Lebensgefühl einer zum totalen
Pop konvertierten Szene von Siebzehn- bis Vierzig-
jährigen beschreiben und abbilden wollten.

Amerikanische Literaten wie Bret Easton Ellis lieferten Vorlagen für eine neue Popliteratur, die im Fall von

Ellis den schönen Schein als solchen ernstnahm und daraus den Terror der Gegenwart entwickelte.

In England feierte Nick Hornby Erfolge mit Geschichten von liebenswerten Loosern, die sich in irgendeiner Nische der Gesellschaft eingerichtet hatten und dort zufrieden waren, solange sie ihren Fetischen – Popmusik und Fußball – frönen konnten.

1983 hatte Reinald Goetz als enfant terrible bei einem Literaturpreis debütiert, entwickelte sich in den folgenden Jahren aber zum beachteten und anerkannten Schriftsteller, Dramatiker und Chronisten einer Zeit und Generation, die mit Pop lebt. Goetz war und ist bekennender Raver, eine wahrhaftige Popexistenz.

Neue Magazine, Feuilletons und Kulturbeilagen, aber auch die etablierten Modemagazine wandelten ihre inhaltliche Ausrichtung zugunsten der neuen Zielgruppe der popkulturell interessierten Mittdreißiger. »Pop« hieß vor allem Konsumbejahung und Kenntnis der vergangenen Epochen und Stilistiken des Pop. Pop hieß, über Marken, Trends, Strömungen und neue In-Produkte Bescheid zu wissen, geistreich darüber zu schreiben und zu sprechen. Die Essays und Reisegeschichten einiger junger Autoren wurden vom Feuilleton zu einer Bewegung zusammengefasst, Mitte der 1990er-Jahre hatte Deutschland endlich seine Pop-Poeten, die sich, ganz Pop, vor allem durch »attitude« (Kleidung, Schnöseligkeit, Arroganz) auszeichneten.

Ende der 1990er-Jahre erlebte dann die neue Popliteraturwelle ihren Höhepunkt, als neben den mittlerweile bekannten Protagonisten wie Benjamin von Stuckrad-Barre, Christian Kracht oder Alexa Henning von Lange in vielen deutschen Städten Poetry Slams stattfanden und an die Readings der Beat Poets anknüpften. Während die Popliteraten Alltagsoberfläche, Gespräche, gesellschaftliche Rituale und Reiseerlebnisse wiedergaben, bestand das Popelement der Poetry-Slams eher im rhythmisch verdichteten Vortrag.

Neo-Pop

Die erste Generation der Pop-Art war sehr im Kunstbetrieb verhaftet, auch wenn die Arbeiten von Roy Lichtenstein und Warhol durch Poster, T-Shirts und allerlei
Derivate zu echten Pop-Items wurden, zu selbstverständlichen Bestandteilen der Popkultur. Ähnliches
schaffte erst wieder Keith Haring, der im New York der
Achtzigerjahre vom Sprayer zum Kunst-Superstar aufstieg und dessen Stilistik bis heute extrem verbreitet
ist. Jean-Michel Basquiat, der in Warhols Dunstkreis
ebenfalls zum Superstar avancierte, transportierte das
Leben und den Alltag in allen Facetten in seine Malerei, schuf aber Unikate, die für eine Verkürzung auf eine allgemeingültige populäre Ästhetik nicht geeignet
scheinen. Jeff Koons Hochglanz-Objekte blieben, was
sie waren, (je nach Betrachtung) zynische oder affir-
mative High-End-Produkte des Kunstbetriebs, der sie
genauso vermarktete wie jedes andere Unikat eines
Künstlers, der sich innerhalb kürzester Zeit zur Marke
gemacht hatte. Die Zeichnungen von Raymond Pettibon bezogen sich explizit auf Popmythen der USA in
den 1950er- und 1960er-Jahren, verblieben aber ebenfalls (mit wenigen Ausnahmen wie Plakaten für Black
Flag und Plattencover für die Sonic Youth-LP »Goo«) im
Galerie- bzw. Kunstbetrieb.

Popästhetik im 21. Jahrhundert

Nachdem die klassischen Popmedien, unter ihnen das
LP-Cover, durch die CD schon miniaturisiert wurden,
schien es um 1990, als sei der Videoclip das neue zentrale Medium. Ein quasi natürlicher Unterschied bestand in der Permanenz und haptischen Qualität der
Printmedien Cover, Booklet, Tray etc. im Gegensatz
zum flüchtigen, transitorischen Charakter des zeitba-
sierten Mediums Videoclip. Mit dem Verschwinden der
Verpackung eines Musikprodukts, das nur noch als Da-
tensatz vorliegt, fällt die Dualität von Musik als »Inhalt«
und Verpackung als »Form« dieses Inhalts weg – dafür

wurde die Verpackung der Interpreten als ästhetisches Vorbild umso wichtiger. Die Mode hatte schon seit Mitte der 1960er-Jahre auf die Teenager reagiert und entsprechend dem neuen Stil Kleidungsstücke und Accessoires produziert, doch die wenigsten Teenager und Jugendlichen wollten modisch identisch mit ihren Stars sein. Es gab einen Kleidungs-Code, der einen mittleren Stil der gerade angesagten Szenen oder Trends abbildete, aber nur extrem Mutige wären im Alltag als Look-alike von Alice Cooper oder David Bowie aka Ziggy Stardust herumgelaufen. Mit dem Punk emanzipierte sich der Stil der Jugend von industriellen Vorgaben, Kleidung wurde nun noch stärker ein hervorragender

»Pulp Fiction« von Quentin Tarantino (1994) brachte den Zustand des Pop auf den Punkt: Zitate, Ironie und Verweise. Film und Soundtrack zeigten, dass das Arsenal der Popkultur nahezu unerschöpflich ist, wenn man lange genug im Fundus der vergangenen Jahrzehnte kramt.

Madonna bei einem
Konzert 1990, Kostüm
von Jean Paul Gaultier

kommunikativer Akt, ein öffentliches Statement.
Zum Kern von Pop gehörte es immer schon, nicht
durch eine im utilitaristischen Sinne wertvolle, bestimmten Kriterien gehorchende Arbeit erfolgreich zu
werden, sondern allein durch eine Haltung oder durch
die Inszenierung einer solchen als Projektionsfläche
sofortigen Starruhm zu erlangen. Dieses Prinzip hat die
Medienindustrie perfektioniert, indem sie vor allem
nach Projektionsflächen suchte, die medial perfekt
aufbereitet werden konnten; die Arbeit wurde im Hintergrund von Spezialisten erledigt. Das ist die gängige
Starmechanik des Pop, die auf der Macht der Bilder
basiert. Der Wettkampf um die ungewöhnlichsten Bilder hat immer schon dazu geführt, dass ehemals tabuisierte Randbereiche in den Mainstream einbezogen
werden: Fetisch, SM, Porno, Gewaltdarstellung. Die
Provokation machte immer dann Sinn, wenn sie sich
gegen eine als falsch oder überholt empfundene Leitkultur richtete, wie das über Jahrzehnte im Präpop und
Pop der Fall war. Doch die Leitkultur ist mittlerweile
selbst zur Popkultur geworden, Bereiche wie Klassik,
Jazz oder Volksmusik sind längst in Popmanier gebür-

stet. Solisten der Klassik werden nach den gleichen Maßstäben inszeniert, die einst für den Pop galten; die sogenannte Volksmusik ist eine Melange aus Schlager und Eurodisco und wird inszeniert wie der Pop vor drei Jahrzehnten.

Wenn heutige Popstars provozieren, dann liegt die Provokation in den meisten Fällen in dem medial unterstützten Missverständnis zwischen amerikanisch-puritanischer und europäisch-aufgeklärter Kultur. Die mediale Vorherrschaft amerikanischer Inszenierungen trägt dazu bei, genuin amerikanische Wertvorstellungen mit europäischen, arabischen oder asiatischen etc. in eins zu setzen, was eine grobe Verzerrung zugunsten ökonomischer Verwertungsinteressen darstellt. Der »Sex« von Christina Aguilera oder Lady Gaga mag in der bigotten Atmosphäre des amerikanischen Mittelwestens provokativ oder obszön wirken, in Europa provoziert er neben einem müden Gähnen nur die Erinnerung an glänzendere Vorbilder: Haben wir das alles nicht schon einmal, und zwar besser, gesehen?

Die Verzahnung von Pop, Filmbusiness und Modewelt führt die Akzeptanz und damit rein ökonomische Wirkung des heutigen Pop vor Augen. Selbst konservative Boulevardblätter müssen heute ihren Lesern darüber berichten, dass der drogensüchtige Sänger einer britischen Postpostpostpunkband mit einem Drogen konsumierenden Topmodel zusammen ist; sie dürfen sich genüsslich über einen Blackout nach dem anderen freuen, während die zweifelhafte Reinkarnation einer Interpretin von Detroit-Soul sich ebenfalls medienwirksam daneben benimmt und zum bevorzugten Small-Talk-Thema bürgerlicher Fourtysomethings wird. Pop ist zu einem medialen Paralleluniversum expandiert, unter dessen Einfluss wir alle stehen, ohne es in jedem Moment zu bemerken. Das kreative Moment, das den Pop jederzeit gekennzeichnet hat, ist zu einem Motor für nahezu jede ökonomische Unternehmung mutiert, zum Leistungs- und Fortschrittsziel schlechthin.

Ich möchte Teil einer Jugendbewegung sein
Natürlich existiert Pop noch heute. Aber es ist ein anderer Pop als der Pop der frühen 1960er-Jahre oder der Pop der späten 1960er-Jahre. Die schiere Fülle an ästhetischen Hervorbringungen aus mittlerweile 60 Jahren Popkultur bietet einen enormen Fundus für das Zitieren, Rekombinieren und Kopieren von schon Gewesenem. Vor allem aber: Pop war die Form für die Ideen einer Gesellschaftsschicht, der Teenager, gewesen, danach die Form für die Ideen einer fortschrittlichen jungen Generation von Fünfzehn- bis Dreißigjährigen. Doch nach 1970 veränderten sich die gesellschaftlichen Rahmenbedingungen, Pop differenzierte sich aus und schien sich als vereinende Kraft abzuschaffen. Dann kam 1977 mit dem Punk der Abgesang auf den verwesenden Popkörper und gleichzeitig die negative Kraft des Vereinenden: No future, aber für alle! Damals trennte sich der Pop in die, die noch an ihn glaubten (als subversive, kreative Kraft jenseits des Establishments) und in jene, die mit dem zufrieden waren, was Radio, Fernsehen und Musikindustrie ihnen boten. Die erste Fraktion war fast schon zu alt – im direkten wie im übertragenen Sinn: Als die Hamburger Band Tocotronic 1996 ihren verzweifelten Wunsch »Ich möchte Teil einer Jugendbewegung sein« formuliert, ist es dafür eigentlich schon zu spät.

Umgekehrt werden wir Zeugen einer anderen Verzweiflung, nämlich der ständigen Metamorphose diverser Super- oder Megastars wie Madonna. Mit jeder Veröffentlichung ein neuer Style, ein neuer Produzent, ein neuer Look, ein Sichabarbeiten am Körper, der seine Spuren zeichnet. Mit 50 Jahren in der Mitte des Business stehen, nicht als Revival, sondern noch in der »ersten« Karriere kommt einer Arbeit nahe, die tantalische Opfer verlangt. Auch Elvis war in Vegas und auf Hawaii nicht mehr der gleiche wie zu Beginn seiner Karriere, aber in seinen Mutationen hatten diese Spektakel etwas Tröstlicheres als die Übermensch-Tourneen

mancher Zeitgenossen. Der ursprüngliche Pop-Begriff baute auf
dem Vorhandensein einer Gegen-
kultur auf, die sehr lange so etwas wie die bürgerliche Leitkultur
war – disparat zusammengewür-
felt aus bildungsbürgerlichen
Fragmenten, aber auch po-
pulären Mischformen, die sich
dennoch nicht als Pop kenntlich
machten. Wenn aber das Prinzip
des Pop die Leitkultur stellt, werden die Debatten und Differen-
zierungen innerhalb der Popkultur ausgetragen.

In den 1980er-Jahren begann
der Prozess des Pop-Diskurses,
der über die Möglichkeit von Pop
in einer Welt aus Pop räsonierte.
Das Seattler Label SubPop versuchte mit seinem Namen Ende

Plakat von Raymond
Pettibon für die Seattle-
Band Black Flag 1984

der 1980er-Jahre eine Position anzudeuten, die unter
der Pop-Oberfläche, dem Mainstream lag. Der Underground der späten Sechzigerjahre hatte etwas Ähnliches bedeutet, zwei Jahrzehnte später nannte man es
Alternative und Independent. Das Vermarktungssy-
stem braucht jedoch Nachschub jenseits der Rotation
im Mainstream, weshalb die Möglichkeit besteht, dass
Musiker, Künstler, Grafiker, Schriftsteller oder Filme-
macher, die ursprünglich im Subsystem des Pop begonnen haben, ins Oberwasser des etablierten Pop ge-
spült werden. Popularität ist kein Manko, wenn man
davon ausgeht, dass eine Aussage möglichst viele
Empfänger erreicht – sie ist eigentlich Bedingung für
die Kategorie Pop; die damit verbundenen Änderungen
im Produktions- und Wahrnehmungsprozess erzeugen
jedoch ganz eigene Mechanismen der Selbstwahrnehmung bis hin zur Selbstzerstörung.

Trotz des Alters kein Retro-Rocker: Iggy findet man weder auf Museumsmeilen noch Altstadtfesten. Seine Analysen des Pop sind schnörkellos. Foto von Xavier Martin

Gestatten: Pop, Iggy Pop

Das einzig Bestimmbare an Pop ist seine Unbestimmbarkeit und seine Vielseitigkeit. Es gibt deshalb keinen richtigen Pop im Sinne einer Doktrin oder reinen Lehre. Je nachdem wie alt man ist, in welchem kulturellen Umfeld man groß geworden ist etc. muss jeder für sich klären, welche Qualitäten des Pop ihm persönlich die wichtigen, die emotionalen sind. Die zweite Phase des Rock 'n' Roll in den späten 1960er-Jahren, der Garage-Punk von MC5 und Iggy and the Stooges, der ein wichtiger Nährboden für den New Yorker und Londoner Punk der Jahre 1976 und 1977 war, ist für mich nach all den Jahren zumindest musikalisch eine feste Größe geblieben. Viele visuelle Popschätze waren lange verschüttet und wurden in den vergangenen Jahren erst wieder gehoben – Filme, Clips, Fotos, Grafiken, Gebrauchsgegenstände. Mit unserem Blick auf die Gegenwart verändert sich auch unser Blick auf die Vergangenheit; dann stellen wir fest, dass eine wichtige Konstante von Pop mit einer Zukunftsvision verbunden war, die uns leider abhandengekommen ist. Man kann Pop als historische Epoche betrachten, man kann ihn weiterhin leben – auch wenn das heute etwas anderes bedeutet als vor 20, 30 oder 40 Jahren. Für viele, die mit Pop Werte verbinden, die nicht allein das Jungsein betreffen, sondern eine Haltung gegenüber der Gesellschaft, dem Mainstream und den Medien definieren, stellt sich die Epoche zwischen 1966 und 1982 als die spannungsreichste Abfolge von Stilistiken innerhalb des Pop dar; es ist sozusagen die heroische Phase nach den »unschuldigen« Tagen des Rock 'n' Roll. Es wäre unangemessen, Menschen, die diese Zeit nicht erlebt haben, ihre jeweiligen späteren Erfahrungen als nicht gleichwertig anzuerkennen – aber: Die große zusammenwirkende Kraft, die Pop einmal hatte, bezog sich auf die Gesellschaft, in der er entstand und wuchs; sein damaliges Gegengewicht hat sich in die ökonomische und mediale Schwungscheibe des Kapitalismus gewandelt.

Abbey Road: Die Straße im Londoner Stadtteil St. John's Wood, in der sich die berühmten gleichnamigen Aufnahmestudios der Plattenfirma EMI befinden, in denen u. a. die Beatles ihre letzten LPs produzierten.

Apollo Theatre: Club im New Yorker Stadtteil Harlem, in dem in den 1930er-Jahren berühmte Jazz-Interpreten auftraten. In den 1950er- und frühen 1960er-Jahren traten vor allem Soul-Größen wie James Brown auf, dessen Livemitschnitt eines Konzerts im »Apollo Theatre« 1962 die erste Live-Platte war, die die Charts stürmte.

Archigram: Eine Gruppe von britischen Architekten, die von 1960 bis 1974 ihre Entwürfe von der Wohnkapsel bis zur »Living City« in der gleichnamigen Zeitschrift veröffentlichten. Zu Archigram gehörten Peter Cook, Warren Chalk, Dennis Crompton, David Greene, Ron Herron und Michael Webb. Archigram verkörperte eine Strömung der utopischen Avantgarde-Architektur der 1960er-Jahre in den westlichen Ländern. Die Gruppe übte ihren Einfluss nicht aufgrund realer Bauten, sondern durch die Veröffentlichung der gezeichneten Entwürfe aus.

Austin Mini: Seit 1959 produziertes, erstes Micro-Car. Der von Alec Issigonis für den Austin-Konzern entworfene Wagen wurde ab 1960 zum Inbegriff urbaner Mobilität und gilt bis heute als Ikone des Pop.

Beatniks: Seit Ende der 1950er-Jahre gebräuchlicher Begriff für die Anhänger der Beat Generation (Schriftsteller wie Ginsberg, Kerouac, Corso u. a.). Das Kürzel Beatnik wurde von Sputnik abgeleitet. Die Beatniks werden oft als weiße Fraktion der ursprünglich schwarzen Hipster-Bewegung beschrieben.

Blake, Peter: Englischer Künstler, der Ende der 1950er-Jahre zur Pop-Art fand und mit Kollegen wie Hockney, Kitaj, Hamilton zu den Heroen der britischen bzw. europäischen Pop Art gehört. Er entwarf das Cover von »St. Pepper's Lonely Hearts Club Band« der Beatles.

Blowup: Einer der einflussreichsten Filme über das Swinging London der mittleren 1960er-Jahre. Der italienische Regisseur Michelangelo Antonioni drehte den Film 1966 nach einer Erzählung von Julio Cortázar in London. Die Inszenierung mit echten Fotomodels (u.a. Jane Birkin, Veruschka) und Musikern wie den Yardbirds gab dem Film etwas Authentisches innerhalb seiner artifiziellen Konstruktion.

Bowie, David: Der in ästhetischer und musikalischer Hinsicht wandlungsfähigste Popstar der 1970er- und 1980er-Jahre. Bowie begann als Mod, kreierte Glam, Space-Look, Decadence- und Androgyn-Look, wandelte sich zum urbanen Proto-Punk und Elektronik-Vorreiter, war Mainstream-Popstar mit Musical-Allüren, ist beachteter Schauspieler im Theater und in vielen Filmen.

Brody, Neville: Neben Peter Saville der einflussreichste Designer und Typograf der 1980er-Jahre. Brody gestaltete Cover von Tonträgern und Magazinen, war Jahre lang Artdirector der Szenezeitschrift »The Face« und schuf dort und bei Arena eine neue Form des Editorial Design.

Carnaby Street: Die prototypische Szene- und Trend-Einkaufsstraße, die es heute in vielen Städten gibt, aber in den 1960er-Jahren nur in London. Die Ansammlung von Schneidern und Modeboutiquen mit »Fashion Gear« führte dazu, dass die Carnaby Street bevorzugte Adresse der Mods und später von allen wurde, die nach hippem Outfit suchten.

CBGB:Dder 1973 gegründete Club auf der New Yorker Bowery wurde ab 1974 zum Kreissaal des Punk. Bands wie Television, Ramones, Patti Smith oder Richard Hell und die Voidoids traten dort auf und machten Punk bzw. New Wave zu einer Bewegung, die man in Europa wahrnahm und nach dorthin exportierte. 2006 schloss das CBGB.

Colombo, Joe (Cesare): Der Italiener Colombo war der herausragende Vertreter des Popdesign zwischen 1960 und 1970. Als einer der ersten Industriedesigner begriff Colombo die Möglichkeiten farbigen Kunststoffs und gestaltete futuristische bunte Welten, die manchmal an Filmausstattungen denken ließen. 1971 starb er.

Cunningham, Chris: englischer Regisseur von außergewöhnlichen Videoclips, die nicht nur durch Bildsprache bzw. Cinematografie, sondern auch durch ungewöhnliche Sujets auffallen. Viele Videos drehte Cunningham für Triphop- und Elektronik-Acts wie Aphex Twin, Portishead oder Björk. Cunningham ist neben dem Franzosen Michel Gondry einer der innovativsten und überzeugendsten Regisseure für Videoclips.

Club: Die ursrpünglich gesellschaftlich restriktive Einrichtung des Clubs wurde in den 1920er-Jahren auf Bars, Bordelle und Glücksspielorte erweitert. In den frühen 1960er-Jahren wurden viele dieser alten Clubs in zeitgemäße Bars mit Musikanlage und stylischer Einrichtung umgewandelt, sodass die Trennschärfe zwischen Club, Bar und Diskothek verschwand. Londoner Clubs wie das »Ad Lib« dienten als Modell für Clubs wie das »Whisky-A-Go-Go« in New York und Los Angeles, die wiederum Vorbilder für moderne Großraumdiskotheken wurden.

Düsseldorf: In den 1970er- und 1980er-Jahren die Hauptstadt der deutschen Elektronik, des Krautrocks und schließlich des Punk und Wave. Bands wie NEU!, Kraftwerk, Harmonia und Cluster schufen zwischen 1970 und 1975 die Kategorie des Elektronik-Pop, der ab 1977 unter dem Einfluss von Punk und Wave eine alternative Szene hervorbrachte, die von Hardcore über Noise bis zu Neuer Deutscher Welle reichte (La Düsseldorf, No More, DAF – Deutsch-Amerikanische Freundschaft, ZK, Fehlfarben, Die Toten Hosen).

Exploding Plastic Inevitable: Titel einer Serie von multimedialen Performances, Happenings und Lightshows, die Andy Warhol in Zusammenarbeit mit der Band Velvet Underground und der Sängerin Nico von Anfang 1966 bis Mitte 1967 veranstaltete. Zu den teilweise endlosen Stakkatos der Musik von Velvet Underground gesellten sich Stroboskopblitze und Lichteffekte mit psychedelischen Dia- und Filmprojektionen; auf der Bühne tanzten Mitglieder der Factory. Location des Kulturspektakels war das »DOM« in New York City.

Fillmore (Auditorium, West, East): Ein von Bill Graham 1965 gegründeter Musicclub in Los Angeles. Hier wurde vor allem Psychedelic Rock von Westcoast Bands gespielt. Nach Problemen mit der Nachbarschaft zog das ehemalige »Auditorium« 1968 um und wurde in »Fillmore West« benannt, gleichzeitig wurde in New York das »Fillmore East« gegründet, beide bestanden bis 1971.

Haçienda: Ein Nightclub in Manchester, der im Mai 1982 öffnete und 1997 schloss. Die »Haçienda« war ein Projekt der Band New Order und ihres Labels Factory Records mit der Inventarnr. FAC51, die ebenfalls als Markenzeichen diente. Madonna trat 1984 während ihrer ersten England-Tournee dort auf, weitere Acts waren New Order, The Smiths, The Stone Roses, Happy Mondays, Oasis, James, Blur, Echo & Bunnymen u. v. a. Lange galt der Club als bekanntester Club der Welt und Manchester wurde in »Madchester« umbenannt. Die Rave und Techno-Bewegung wird ursächlich mit der »Haçienda« verknüpft.

Independent Group: Eine Gruppe englischer Künstler, Grafiker, Architekten und Theoretiker, die sich 1952 am Institute of Contemporary Arts (ICA) trafen und den Begriff »Pop« theoretisch diskutierten, aber auch praktisch reflektierten (Ausstellungen »Man, machine, motion« und »This is tomorrow«). Zur Gruppe gehörten u. a. Richard Hamilton (Künstler, Designer des »White Album«-Covers der Beatles), Allison und Peter Smithson (Architekten), Reyner Banham (Designtheoretiker), Eduardo Paolozzi und Lawrence Alloway.

Insert: Für das Fernsehen produzierter Promotion-Film von einer Band bzw. einem Song. Die Qualität konnte sehr stark variieren, sowohl von der technischen als auch der ästhetisch-konzeptuellen Seite her. Eine der ersten Bands, die Inserts produzierten, waren die Beatles, weil sie mehr Anfragen für Auftritte im TV hatten, als sie bewältigen konnten.

King's Road: Eine Hauptstraße im Londoner Stadtteil Chelsea, seit den 1960er-Jahren Zentrum verschiedener Subkulturen. In den frühen 1960er-Jahren öffneten die ersten Geschäfte mit italienischer Herrenmode, Ausgangspunkt der Mod-Bewegung. Danach wurde die King's Road die Hauptstraße des Swinging London mit Boutiquen wie »Hung on you« oder »Granny takes a trip«. Nach dem Abebben der Beat- und Hippie-Bewegung blieb die King's Road eine der ersten Adressen für alle Retro-Bewegungen, bis der Punk und die Boutique von Malcolm McLaren und Vivienne Westwood erneut für Furore sorgten.

LSD: Abkürzung für Lysergsäurediethylamid, eine psychedelische und hallizinogene Substanz, die von dem Schweizer Chemiker Albert Hoffmann 1938 entdeckt und 1943 selbst ausprobiert wurde (von Anhängern der Droge als »bicycle day / Fahrradtag« gefeiert, da Hoffmanns Trip auf der Heimfahrt mit dem Fahrrad begann). In den 1950er-Jahren galt LSD als Wundermittel in der Psychiatrie und gelangte so über

Beatnik- und Alternativbewegungen wie die Merry Pranksters von Ken Kesey in die Subkultur. Bis Ende der 1960er-Jahre war LSD in vielen Staaten legal und wurde von nahezu jedem Pop artist, ob Musiker, Künstler oder Schriftsteller ausprobiert. Die englische Umschreibung »Acid« wurde ein Schlagwort für progressive Pop-Art. Die verschiedenen Darreichungsformen machten LSD zu einer beliebten Partydroge schon in der Mod-Bewegung über die Hippie-, Rave- und Technoszene bis in unsere Tage hinein.

MC5: Die Band aus der Nähe von Detroit gilt neben den Stooges (Iggy Pop) als wichtiges Bindeglied zwischen dem Rock der späten 1960er-Jahre und dem Punk der Siebziger. Man nennt diese Richtung auch Garage. Während sich die Garage-Bands in den Jahren von 1963 bis 1965 an Rock 'n' Roll, Rhythm and Blues und Beat orientierten, entstand in den Jahren 1965 bis 1967 Psychedelic Rock. Für die erste Generation stehen Bands wie The Kingsmen, The Standells, The Sonics, für die zweite The 13th Floor Elevators, The Seeds und für die dritte Generation The Stooges und MC5.

McGowan, Cathy: Mit 20 Jahren wurde McGowan 1963 Moderatorin der TV-Show »Ready, steady, go«. Schnell wurde sie Role Model, Fashion Icon und »Queen of the Mods«. McGowan wurde vom jugendlichen Publikum als eine der ihren akzeptiert, was ihr enorme Popularität sicherte. Ihr modischer Vorbildcharakter verhalf dem Minirock und der Modelinie »Biba« zum Erfolg.

McLaren, Malcolm: Der 1946 geborene McLaren besuchte mehrere Art Schools und begeisterte sich für die politisch-künstlerischen Aktionen der Situationisten, wo er 1968 den Grafiker Jamie Reid traf, der 1976/77 das Design der Sex Pistols kreierte. 1971 gründete McLaren mit seiner Freundin Vivienne Westwood eine Boutique mit Teddyboy-Kleidung, 1975 nannten sie die Boutique »Sex«. 1972 hatte McLaren in New York die New York Dolls kennengelernt und wurde für kurze Zeit ihr Manager – die Ideen für die Sex Pistols reiften in den Jahren '73-76. Nach den Pistols managte McLaren noch zahlreiche Bands wie BowWowWow oder Adam and the Ants, bevor er seine Solokarriere startete und von Hip-Hop über Ethno, Electro, Oper, Chanson fast jedes Genre austestete. Er starb 2010.

Monterey: Das Monterey International Pop Festival (16. - 18. Juni 1967) in Kalifornien war die mit 200.000 Besuchern bis dato größte Pop-/Rockmusikveranstaltung. Monterey gilt außerdem als Beginn der Flower-Power- und Hippie-Bewegung. Das Line Up las sich wie ein Who's who der Rockmusik, u. a. Jimi Hendrix, Otis Redding, The Who, Janis Joplin, Canned Heat, Eric Burdon and the New Animals, Jefferson Airplane und The Byrds. Ursprünglich war sogar gepant, dass auch die Beatles, die Beach Boys, die Kinks und die Rolling Stones auftraten. Ravi Shankar spielte klassische indische Raga-Musik auf der Sitar, was als Beginn des Crossover und der »Weltmusik« gesehen werden kann. Monterey löste auch den Trend zu gigantischen Festivals mit endloser Verwertungskette (LP, Kino, TV, Merchandising) aus.

Orte, Menschen, Artefakte

München: In den 1960er-Jahren Deutschlands Pop-Hochburg, bedingt durch Filmindustrie, Printmedien, Plattenfirmen und eine weniger politisierte Jugend als in vergleichbaren Großstädten. Durch die Olympischen Spiele von 1972 bekam die »Weltstadt mit Herz« einen zusätzlichen Schub in Richtung Style und Pop, der vor allem filmisch aufgearbeitet wurde.

Päffgen, Christa »Nico«: Ein deutsches Fotomodell, das in den späten 1950er-Jahren Bekanntheit erlangte. Ende der 1950er-Jahre zog sie von Berlin nach Paris, um Schauspielerin zu werden. Durch eine kleine Rolle in Fellinis »La Dolce Vita / Das Süße Leben« und eine Liaison mit Alain Delon wurde sie weltbekannt. 1962 reist sie nach New York, 1966 spielt sie in Warhols »Chelsea Girls« und wird den Velvet Underground als Sängerin empfohlen. Ab 1967 eigene Karriere als Sängerin, oft durch ihre Heroinabhängigkeit vor dem Scheitern. 1988 starb Päffgen fünfzigjährig an einem Schlaganfall.

Obermaier, Uschi: Das einzige deutsche Topmodel der Flower-Power-Zeit. Obermeier wurde durch Fotos in der Zeitschrift »twen« bekannt. Sie lebte und performte mit der Musikkommune Amon Düül, lebte mit APO-Größen zusammen und hatte Verhältnisse mit Rockstars. Ihr Stil und ihre Physiognomie passten perfekt in die Jahre 1967-1973.

Peel, John: Der wahrscheinlich bekannteste Radio-DJ der Welt. Peel begann 1962 in den USA als DJ bei Privatsendern und kehrte 1967 nach England zurück. Nach einem kurzen Gastspiel bei einem Piratensender moderierte er ab 1968 für die BBC. Peels Sendung wurde weltweit übertragen; er entdeckte und förderte Musikstile, Bands, Interpreten, sorgte für Wiederentdeckungen und Revivals. Bei den »Peel-Sessions« spielten bekannte Bands und Newcomer ohne großen Studioaufwand ihre Songs ein. Peel besaß eine legendäre Plattensammlung, die ihm zweimal gestohlen wurde. Er starb 2004.

Poster: Nachdem sich bereits in den 1950er-Jahren gedruckte Reproduktionen als Wandschmuck durchgesetzt hatten, wurde das großformatige Poster zum zentralen Innenraumschmuck der 1960er- und 1970er-Jahre. Neue Druck- und Reproduktionstechniken kamen dem Wunsch nach Selbstdarstellung mittels Bildern entgegen. Die Pop-Art hatte das reproduzierbare Poster statt des Unikats eigentlich gefordert; zudem wurden Werbemotive als ästhetisch gleichwertig angesehen.

Ratinger Hof: Kneipe und Club in Düsseldorf, der zwischen 1976 und 1985 eine Zentralstation des deutschen Punk und Wave war. ZK, die Vorgängerband von Die Toten Hosen, spielten dort ihr erstes Konzert. Weitere Bands, die im Umfeld des Ratinger Hofs gegründet wurden, sind DAF - Deutsch-Amerikanische Freundschaft und die Fehlfarben. Der »Hof« wurde auch von Künstlern wie Blinky Palermo, Sigmar Polke, A. R. Penck, Katharina Sieverding, Markus Oehlen, Jörg Immendorff, Imi Knoebel und Joseph Beuys besucht. Die Szene im Ratinger Hof ist ein zentrales Thema in Jürgen Teipels Buch »Verschwende Deine Jugend« über Punk und New Wave in Deutschland.

Ready Steady Go!: Eine der ersten Rock-Pop-Musikshows im britischen Fernsehen. Die erste Sendung lief im August 1963, die letzte
im Dezember 1966. Die Show lief freitags abends und läutete mit
dem Slogan »The weekend starts here!« das Wochenende ein. RSG
war vor allem wegen der Moderatorin Cathy McGowan etwas Beson-
deres, da sie neben dem Mod-Look eine sehr lockere Art der Modera-
tion hatte.

Revolver: Ein in mehrerlei Hinsicht bahnbrechendes Album der Beatles von 1966. Das von dem Bassisten und Beatles-Freund Klaus Voor-
mann gestaltete Cover verletzte alle Regeln der zeitgenössischen Cover-Art und öffnete damit dem psychedelischen Design die Türen. Die
Musik spiegelt ebenfalls die Drogenerfahrungen der Beatles wieder
und kündigt an vielen Stellen das »Weiße Album« an. Das letzte Stück
»Tomorrow never knows« arbeitet mit Loops, rückwärts eingespielten
Gitarrenriffs und gilt als Meilenstein der Rockmusik – es klingt ein
wenig nach den Chemical Brothers, nur eben drei Jahrzehnte früher.

Saville, Peter: Britischer Grafiker/Artdirector, der durch die Arbeit für
das Manchester Factory-Label (Joy Division, New Order, »Haçienda«)
das Design der Jahre 1977-1990 maßgeblich geprägt hat. Zunächst
neo-klassisch inspiriert, wandelten ich Savilles Entwürfe zum Hyper-
Funktionalismus (Baustellen-/Industriehallenästhetik) der »Haçienda«.

Sedgwick, Edie: In den Jahren 1964 und '65 Andy Warhols Muse, das
New Yorker It-girl schlechthin und ein drogenabhängiges Supermodel.
Psychisch vorbelastet, geriet sie in die drogengeschwängerte Szene
der Factory. Sie verliebte sich unglücklich in Bob Dylan und wurde
von Warhol 1966 fallen gelassen. Nach Aufenthalten in Kliniken und
einer erfolglosen Karriere als Schauspielerin starb sie 1971 im Alter
von 28 Jahren in Los Angeles.

SO 36: Berliner Punk-Club im (bis zur Postleitzahlenreform) gleichnamigen Stadt-/Postbezirk Kreuzberg, der 1978 seinen Betrieb aufnahm und 1983 schloss. 1978 stieg der Künstler Martin Kippenberger
ein und versuchte das Musikprogramm in Richtung Avantgarde und
New Wave/Post Punk zu öffnen, was bei den Anarchos und Traditi-
onspunks heftige Reaktionen hervorrief (s. Kippenbergers Bild »Dia-
log mit der Jugend«).

Studio 54: Für mehrere Jahre die Diskothek schlechthin. Der 1977 in
den Räumen eines ehemaligen TV-Studios eröffnete Club verband Ex-
zentrik, Hedonismus, Drogenkosnum und sexuelle Freizügigkeit in un-
gekannter Quantität und Qualität. Stars und Sternchen, gut ausse-
hende No names und Prominente mischten sich zu einer In-crowd,
deren verbindendes Element »Spaß« hieß. Durch seinen Promi-Faktor
war das »Studio 54« hart an der Grenze zum Poplife, es sei denn, man
hält Liza Minelli für hip.

T.A.M.I. Show: Eine der bahnbrechenden TV-Produktionen des frühen
Pop. Im »Santa Monica Civic Auditorium« wurde die Show mit den
Pop-Größen des Jahres 1964 auf Video produziert, um danach auf

Orte, Menschen, Artefakte

Film kopiert und im Kino gezeigt zu werden. Legendär ist James Browns Auftritt, neben ihm performten u. a. die Beach Boys, Chuck Berry, Marvin Gaye, Smokey Robinson and The Miracles, die Rolling Stones und die Supremes. T.A.M.I. steht für »Teenage Awards Music International«.

The Factory: Von Andy Warhol betriebenes Atelier, das gleichzeitig Studio, Wohnfläche, Partyraum und Society-Treffpunkt war. Die berühmte (zweite) Silver Factory befand sich in einem Lager- und Fabrikgebäude in der 231 East 47th Street zwischen der 2nd und 3rd Avenue in Manhattan und bestand von 1964 bis 1968.

The Marquee Club: 1958 in Soho (London) eröffneter Musikclub, in dem viele später sehr berühmte Bands ihre ersten Auftritte hatten (Rolling Stones, Who). Ursprünglich für Jazz und Blues gedacht, wurde das Marquee ab 1962 zum Sprungbrett für Rhythm and Blues, Beat und Rock. Das originale Marquee existierte bis 1988.

The Whisky-A-Go-Go: Der 1964 auf dem Sunset Strip in Los Angeles eröffnete Club vermischte die Einflüsse der französischen »discothèque« mit der britischen Dancehall und dem amerikanischen Nightclub. Das »Whisky« führte nicht nur weibliche DJs ein, sondern die gläserne DJ-Kanzel, die Go-Go-Girls und die Käfige für die Tänzerinnen. Go-Go-Girls gehörten ab 1964 auch zum Inventar der US-TV-Serie »American Bandstand«. Jenseits seines Glamour-Faktors war das »Whisky« bis 1982 ein Club, in dem alle Größen der Westcoast, des Psychedelic bis hin zu Punk und Heavy Metal auftraten.

Trad: Ursprünglich zur Kennzeichnung der »alten« New Orleans- und Dixie-Jazzstilistik verwendet, erweiterte sich der Begriff Trad in Großbritannien ab 1953 auf rudimentär hergestellte (Jazz-)Musik, zu der auch der Skiffle zählte. Skiffle wurde zur ersten britischen Popbewegung, die viele Jugendliche zur Musik und einem den Beatniks ähnlichen Lebensstil brachte. Fast alle bekannten britischen Bands der Beat-Ära hatten als Skiffle-Band begonnen. Es gab sogar einen Kinofilm zum Thema: »It's only Trad, Dad«

Twiggy: Lesley Hornby alias Twiggy wurde 1965 das erste Supermodel des Pop. Während Jean Shrimpton und Veruschka den Übergang vom amerikanischen Glamour zum europäischen Stil markieren, war Twiggy mit modischer Kurzhaarfrisur, Minirock, Strumpfhosen und knabenhaftem Körper die Idealbesetzung für die Visualisierung des Swinging London.

Westwood, Vivienne: Westwood ging zur Art School, um Goldschmieden und Mode zu studieren, sattelte aber kurz danach auf Grundschullehrerin um. 1971 lernte sie Malcolm McLaren kennen, der eine Boutique für Teddyboys betrieb. Westwood begann, eigene Kleidungsstücke zu entwerfen, die Anleihen bei Rockern, Transvestiten und dem Sado-Maso-Milieu machten und schuf damit die modischen Basics des Punk. Seit 1981 präsentiert sie eigene Kollektionen und gehört seit 1990 zu den wichtigen Fashion Designern weltweit.

Da es unendlich viele Arbeiten zu Pop-Art und Popmusik gibt, steht hier eine kleine Auswahl von Büchern und Aufsätzen, die sich vorzugsweise mit dem Phänomen Pop im weiteren Sinn befassen. Unschätzbar in diesem Zusammenhang ist neben den vielen Websites, die von Enthusiasten zu einem bestimmten Thema betrieben werden und neben vielen Wikipedia-Artkeln vor allem die Materialsammlung, die Hanif Kureishi und Jon Savage zusammengetragen haben. Ebenfalls sehr empfehlenswert ist die Anthologie von Kemper/Langhoff/Sonnenschein.

Anscombe, Isabelle; Jones, Terry: Not another Punk Book. London 1979

Arias, José Ragué: Pop. Kunst und Kultur der Jugend. Reinbek 1978

Büsser, Martin (Hrsg.): On the wild side. Hamburg 2004

Caspers, Markus: 70er. Einmal Zukunft und zurück. Köln 1997

Ders.: Jugendkultur, Pop und Design. In: Der Designerpark. Darmstadt 2003

Colacello, Bob: Holy Terror. Andy Warhol Close up. New York 1990

Finkelstein, Nat: Andy Warhol. The Factory Years. New York 1989

Goetz, Rainald: Rave. Frankfurt 1998/2001

Graham, Dan: Rock my religion. MIT Press 1991

Grunenberg, Christoph (Hrsg.): Summer of Love. Psychedelische Kunst der 60er Jahre. Ostfildern 2005

Hardy, Phil; Laing, David: The Faber Companion to 20th Century Music. London 1990

Hornby, Nick: High Fidelity. Köln 1990

ICA (Hrsg.): Modern Dreams. The rise and fall and rise of Pop. London 1988

Kemper, Peter; Langhoff, Thomas; Sonnenschein, Ulrich: ... but I like it. Jugendkultur und Popmusik. Stuttgart 1998

Kerouac, Jack: Bebop, Bars und weißes Pulver (The Subterraneans). Reinbek 1980

Kureishi, Hanif; Savage, Jon (Hrsg.): The Faber Book of Pop. London 1995

Malossi, Giannino (Hrsg.): This was tomorrow. Pop, from Style to revival. Mailand 1990

Martinez, Romeo; Campbell, Bryan: David Bailey. Mailand 1983

McAleer, Dave: The Fab British Rock 'n' Roll invasion of 1964. London 1994

McBride, Will: My Sixties. Köln 1994

Melly, George: Revolt into Style. The Pop arts in the 50ies and 60ies. London 1970/1989

Peellaert, Guy; Cohn, Nik: Rock Dreams. Köln 2003

Robbins, David (Hrsg.): The Independent Group. Postwar Britain and the Aesthetics of Plenty. Cambridge 1991 (MIT Press)

Shusterman, Richard: Kunst leben. Die Ästhetik des Pragmatismus. Frankfurt 1994

Stein, Gerd: Bohemian - Tramp - Sponti. Boheme und Alternativkultur. Bd. 1 und 2. Frankfurt 1982

Stewart, Tony: Cool Cats. 25 years of Rock 'n' Roll Style. London 1981

Thorgersen, Storm; Dean, Roger (Hrsg.): Album Cover Album. Amsterdam 1977

Warhol, Andy; Hackett, Pat: Popism. The Warhol Sixties. New York 1990

Wolfe, Tom: Das bonbonfarbene tangerinrot gespritzte Stromlinienbaby. Reinbek 1983

A Band Apart, Los Angeles, California, USA: 167

© ABC Television / ITV television network, London: 11, 106

Abkco Music & Records Inc., New York: 120

akg / North Wind Picture Archives: 10

akg-images / Paul Almasy: 15

Album / AKG: 23

© Peter Anderson: 161

© Barjul International Pictures, Inc.: 36

Bayer AG, Leverkusen: 100

bpk / Benno Wundshammer: 46

© Peter Blake: 109

© Bruce Brown Films, LLC, Torrance, California: 113

BUNUEL-DALI / Album / AKG: 17

© Capitol Records / EMI Group Ltd., London: 58, 142

Carlo Ponti Productions – Bridge Films / MGM: 95

COLUMBIA PICTURES / Album / AKG: 38

© Henri Dauman / Dauman Pictures NYC: 112

© DC Comics, Inc. / Warner Bros. – A Time Warner Entertainment Company: 126

© Death Row Records, L.A., California: 163

Delfi Records / Warner Music Group: 66

© Delpire Productions, Frankreich: 125

© Dino De Laurentiis Cinematografica Studios, Rome, Lazio, Italy: 12

dpa / empics: 69

© Duffy Design Concept; RCA Records, Rykodisc, and Virgin Records: 143

© EMI Music / EMI Group Ltd., London: 14

© Eve Productions / RM Films International: 74

© Gamma-Keystone via Getty Images / Keystone-France: 140

© Georges de Beauregard – Rome Paris Films / Anouchka Films / S.E.P.I.C.: 124

© William P. Gottlieb/Ira and Leonore S. Gershwin Fund Collection, Music Division, Library of Congress: 59

© Annette Green: 152

© Hipgnosis / Harvest Records / EMI Group Ltd., London: 138

ITV Independent Television, London: 89

© Carl Iwasaki / Time Life Pictures / Getty Images: 30

© Robert Landau / Corbis: 63

© Les Productions Georges de Beauregard / Société Nouvelle de Cinématographie / Imperia Films: 75

© Loew's Incorporated / AMC Entertainment / National Screen Service Corp. / Technicolor, Inc.: 28

© Ray Lowry; Epic Records, USA: 153

© Xavier Martin / EMI Group, London: 172

März-Verlag / Zweitausendeins Verlag: 121 (u.)

MTV Networks Germany GmbH, Berlin: 155

Partizan: 156

© Jean-Marie Périer: 94

© Raymond Pettibon / Contemporary Fine Arts Berlin & Regen Projects Los Angeles: 171

© Philips Records / Universal Music Group: 130

picture alliance : 42

picture-alliance / akg-images: 117

picture-alliance / dpa: 109, 168

picture alliance / Everett Collection: 85

picture-alliance / KPA Copyright: 128

picture-alliance / Mary Evans Picture Library: 21, 134

Piranha Media: 158

© Peter Schamoni Filmpro-
duktion, München: 123

Planet records, UK / Polydor:
48

PolyGram / Seagram / Uni-
versal Music Group: 86

© RCA Victor / Sony Music
Entertainment: 43

© Redferns / GAB Archive /
Kontributor / Getty Images:
67

© Jamie Reid / Virgin
Records / EMI Group, Ltd.,
London: 151

© Rolling Stones Records /
Virgin Records: 137

© Ken Russell, Lymington,
Hampshire (UK): 40

© Bob Gruen: 141

Saga Records, London / Sun-
beam Records, UK: 115

© Sam Fox Publishing Com-
pany Inc., New York / Hanover
Records: 37

© Dr Pepper Snapple Group /
Seven Up, Inc.: 9

© Speciality records / Fantasy
Records / Concord Records:
60

© Robert Stigwood / Para-
mount Pictures Corporation:
147

© Karl Stoecker, Miami / Polydor / Universal Music Group:
136

© Rainald Goetz / Suhrkamp
Verlag, Berlin: 164

Thames Television / ITV television network, London: 44

© 2011 The Andy Warhol
Foundation for the Visual Arts,
New York / Artists Rights
Society (ARS), New York: 49,
51, 86, 137

© The Estate of Guy Peellaert:
127, 133

© Tessa Traeger: 96

© VG Bild-Kunst, Bonn 2011:
(Richard Hamilton): 24, 27;
(Gerald Murphy): 47; (Jasper
Johns): 50; (Mel Ramos): 78;
(Martial Raysse): 79; (Henry
Clarke): 10

© French Walery: 19

WARNER BROTHERS /
Album / AKG: 39

© David Wedgebury / Decca
Music Group: 72

Vivienne Westwood/ © 2011
Time Inc.: 149

Woodfall Film Productions
Ltd., London: 77

© Francis Wolff / Blue Note
Records / Liberty Records /
EMI Records / EMI Group
Ltd.: 35

aus: *Modern Dreams.* ICA, MIT
Press 1988: S. 27, 29

aus: The Andy Warhol
Catalogue Raisonne Vol. 1:
*Paintings and Sculpture
1961-1963.* Phaidon, 2002: 49

aus: Rainald Goetz, *Rave,*
Suhrkamp 2001: 164

Nicht aufgeführte Abbildungen
entstammen dem Archiv des
Autors bzw. des DuMont Buch-
verlags oder die Rechteinha-
ber konnten nicht aus-
findig gemacht werden. Be-
rechtigte Ansprüche werden
selbstverständlich im Rahmen
der üblichen Vereinbarungen
abgegolten.